초등

ERI 독해가 문해력이다

2단계

기본

초등 2 ~ 3학년 권장

교　재　교재 내용 문의는 EBS 초등사이트
내　용　(primary.ebs.co.kr)의 교재 Q&A 서비스를
문　의　활용하기 바랍니다.

교　재　발행 이후 발견된 정오 사항을 EBS 초등사이트
정오표　정오표 코너에서 알려 드립니다.
공　지　교재 검색 → 교재 선택 → 정오표

교　재　공지된 정오 내용 외에 발견된 정오 사항이
정　정　있다면 EBS 초등사이트를 통해 알려 주세요.
신　청　교재 검색 → 교재 선택 → 교재 Q&A

초등

ERI 독해가
문해력
이다

2단계

기본

초등 2 ~ 3학년 권장

교과서를 읽지 못하는 우리 아이?
평생을 살아가는 힘, '문해력'을 키워 주세요!

'ERI 독해가 문해력이다'
독해 학습으로 문해력 키우기

1 학습 수준에 따라
체계적인 독해 학습이 가능합니다.

단순히 많은 글을 읽고 문제를 푸는 것만으로는 문해력이 늘지 않습니다.
쉬운 글부터 어려운 글까지 글의 난이도에 따라 체계적인 단계 학습이 가능하도록 구성하였습니다.

2 특허받은 독해 능력 수치 산출 프로그램(특허 번호 제10-2309633)을 통해
과학적으로 구성하였습니다.

EBS가 전국 문해력 전문가, 이화여대 산학협력단과 공동 개발한 ERI(EBS Reading Index) 지수에
따라 과학적인 독해 학습이 가능합니다.

3 다양한 교과의 핵심 개념과 소재를 반영한
학년별 2권×4주 학습으로 풍부한 독해 훈련이 가능합니다.

독해의 3대 요소인 '낱말', '문장', '배경지식'의 수준을 고려하여 기본, 심화 단계로 구성하였습니다.
인문 · 문학, 사회 · 역사, 과학 · 자연, 예술 · 문화 영역의 핵심 개념과 소재를 다룬 다양한 글을 골
고루 수록하였습니다.

4 기본 어휘와 관련된 우리말, 외래어, 속담, 관용 표현을 통해
어휘력의 깊이와 넓이를 동시에 키워 줍니다.

독해 능력의 40% 이상을 차지하는 어휘력은 독해 학습에 필수적입니다.
다양한 어휘 관련 문제로 어휘 학습까지 놓치지 않도록 하였습니다.
부록으로 4회분 받아쓰기를 수록하였습니다.

5 'QR 코드를 활용한 입체 학습'과 'STEAM 독해'로
문해력을 UP!

QR 코드를 활용해 지문을 듣고, 읽고, 삽화를 보면서 다각적으로 글을 이해하는 입체적 학습으로
문해력의 기본 능력을 확실히 다질 수 있도록 하였습니다. 또한 지문 하나로 여러 과목을 동시에
학습하는 'STEAM 독해'를 통한 융합 사고력을 키우고, 문해력과 함께 문제 해결 능력을 쭈욱 올릴
수 있도록 하였습니다.

ERI 지수가 무엇인가요?

ERI(EBS Reading Index) 지수는

아이들이 읽는 글의 난이도를 단어, 문장, 배경지식에 따라 등급화하여 정량화하고, 독해 전문가들이 정성평가를 통해 최종 보정한 수치로서 EBS가 전국 문해력 전문가, 이화여대 산학협력단과 공동 개발하였습니다.

ERI 지수는 어떻게 산정되나요?

각 학년마다 꼭 알아야 하는 읽기 방법, 교과의 핵심 개념과 학습 요소들을 중심으로 체계적으로 지문을 구성합니다.
구성된 지문의 단어 수준과 문장의 복잡도, 배경지식이 학년 수준에 적합한지 여부를 계산합니다. 전문가들이 최종 정성평가와 보정을 거쳐 최종 지수와 적정 학년 수준과 단계가 산정됩니다.

ERI 지수 범위와 학습 단계

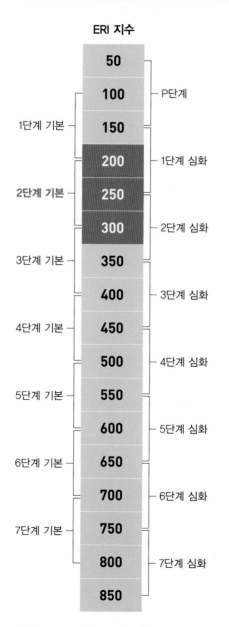

교재명	ERI 지수 범위	학년 수준
P단계	50 이상~150 미만	예비 초등 ~초등 1학년
1단계 기본	100 이상~200 미만	초등 1~2학년
1단계 심화	150 이상~250 미만	초등 1~2학년
2단계 기본	200 이상~300 미만	초등 2~3학년
2단계 심화	250 이상~350 미만	초등 2~3학년
3단계 기본	300 이상~400 미만	초등 3~4학년
3단계 심화	350 이상~450 미만	초등 3~4학년
4단계 기본	400 이상~500 미만	초등 4~5학년
4단계 심화	450 이상~550 미만	초등 4~5학년
5단계 기본	500 이상~600 미만	초등 5~6학년
5단계 심화	550 이상~650 미만	초등 5~6학년
6단계 기본	600 이상~700 미만	초등 6학년 ~중학 1학년
6단계 심화	650 이상~750 미만	초등 6학년 ~중학 1학년
7단계 기본	700 이상~800 미만	중학 1~2학년
7단계 심화	750 이상~850 미만	중학 1~2학년

이 책의
구성과
특징

문해력, 문해력, 문해력을 강조합니다.

무엇이 문해력이라고 생각하나요?

문해력은 글을 단순히 읽고 쓸 줄 아닌 것이 아니라
현대 사회에서 일상생활을 해 나가는 데 필요한 글을 읽고
이해하는 최소한의 능력을 말합니다.
따라서 글을 읽고 이해하여 사람들과 소통하고 문제를
해결하는 데 활용할 수 있도록 하는 것입니다.

어떻게 해야 문해력을 높일 수 있을까요?

자기 단계에 맞는 글을 선택해서
듣고, 읽고, 보고, 이해한 후 다양한 방법으로 생각하여
문제를 해결하고, 새로운 창의적 사고를 하는 훈련을
꾸준히 하는 것이 좋습니다.

EBS만의 장점 아이들 눈높이와 학령 수준에 맞춘 차별화된 교재와 강의로 입체 학습을 할 수 있습니다.

스스로 계획을 짜고 학습해요!

다양한 주제의 지문

인문 · 문학, 사회 · 역사, 과학 · 자연, 예술 · 문화, STEAM 융합 지문을 골고루 실었습니다.

계획적인 학습 스스로 학습 계획을 짜서 스스로의 힘으로 공부하는 훈련을 할 수 있도록 하였습니다.

융합 사고 훈련 STEAM 융합 지문으로 과학 · 기술 · 예술 · 수학 영역을 결합한 종합적 사고로 문제를
해결하는 능력을 키우도록 하였습니다.

ERI 지수 분석 지문의 단어, 문장, 배경지식 각각의 수준이 대상 학령, 학년 수준 내에서 어느 정도인지
한눈에 알아볼 수 있도록 하였습니다.

지문 이해를 위한 점층적 유도 학습

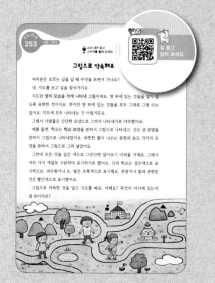

1 이런 이야기를 할 거야! ▶ **2** 이걸 알면 도움이 되지! ▶ **3** 글을 읽어 볼까!

한 컷의 그림 이야기를 통해 흥미를 불러일으켜 지문의 주제에 자연스럽게 접근할 수 있도록 하였습니다.

재미있는 만화와 짧은 글로 배경지식을 실어 주어 지문 이해에 도움이 되도록 하였습니다.

QR 코드로 글을 잘 듣고 따라 읽어 봅니다.
큰소리로 읽는 소리 학습을 한 후 스티커를 붙이게 하여 학습 성취감을 높이도록 하였습니다.

그림, 개념별, 속담 등을 통한 어휘 학습

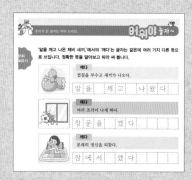

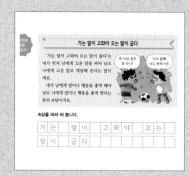

그림으로 배우는
기본 어휘

그림과 예문을 통해 어휘 학습을 하고 따라 써 볼 수 있도록 하였습니다.
반대말, 비슷한 말, 관련 어휘에 대한 설명으로 어휘력이 풍부해지도록 하였습니다.

어휘 활용을 해 보는
다양한 코너

잘못 쓰기 쉬운 말, 헷갈리는 말, 높임말, 동음이의어, 어휘 살찌우기 코너를 통해 어휘력을 살찌우는 다양한 학습을 하고 써 볼 수 있도록 하였습니다.

재미있는 속담,
우리말, 한자 익히기

재미있는 이야기와 그림으로 속담을 익히고, 관용적으로 쓰이는 순우리말, 한자어를 익히고 써 볼 수 있도록 하였습니다.

문해력을 높여 주는 기본 문제부터
다양한 활동의 문제 유형 제시

글의 내용 이해하기

전체적인 글의 내용을 이해하고 있는지를
확인하는 문제입니다.

세부 내용 이해하기

중요한 개념이나 사건 등을 세부적으로
이해하고 있는지를 확인하는 문제입니다.

낱말 뜻 이해하기

정확한 낱말 뜻을 알고, 지문 속 내용이나
생활 속 낱말 활용에 적용할 수 있는지를
확인하는 문제입니다.

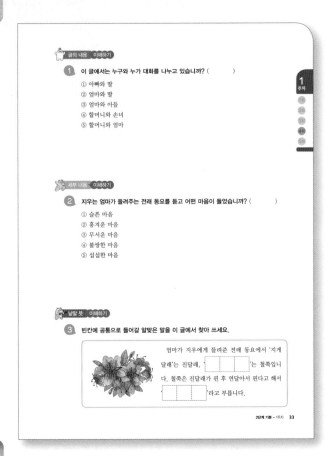

특화 코너

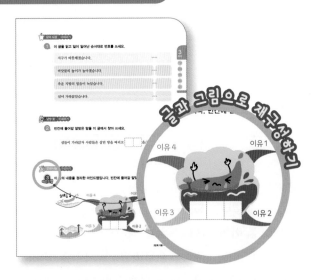

글을 읽고 마인드맵으로 전체 내용을 간단한 글과 그림
으로 재구성해 보는 문제를 통해, 지문 내용을 정리하
여 이해하는 방법을 훈련할 수 있도록 하였습니다.

학습 내용을 이해하고 주어진 상황에서의 해결법을 자
유로이 제시하도록 하여 문제 해결 능력을 키우도록 하
였습니다.

글의 내용 적용하기

글 전체의 내용을 바르게 이해하고 생활 속
문제에 적용할 수 있는지를 확인하는
문제입니다.

배경지식을 활용하여 추론하기

주어진 배경지식과 연계하여 이를 바탕으로
새로운 지식을 추론해 낼 수 있는지를
확인하는 문제입니다.

내용 이해하고 활동하기

글의 내용을 이해하고 쓰기, 스티커 붙이기
등으로 창의 활동에 적용해 볼 수 있는지를
확인하는 문제입니다.

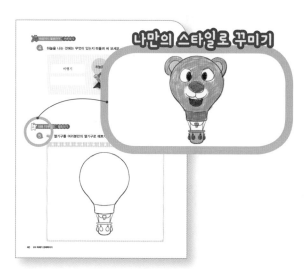

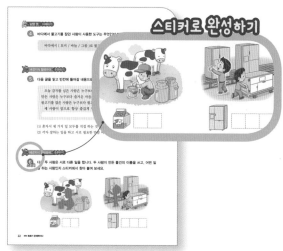

해당 지문의 주제와 관련 있는 다양한 활동의 문제를 제시하였습니다.
민화를 직접 자기만의 스타일로 그려 보기, 문제에 맞는 스티커 찾아 붙이기 등 다양한 활동을 통한 학습으로
학습 효과는 물론 재미를 더할 수 있게 하였습니다.

1 주차

무엇을 배울까요?

1 회

제비가 가져다준 복

인문|문학 ★ 착한 마음을 가지면 복을 받아요.

2 회

왜 서로 다른 일을 할까?

사회|역사 ★ 자기가 잘하는 일을 나눠서 해요.

3 회

꿀벌의 춤

과학|자연 ★ 꿀벌들이 바쁘게 일을 해요.

4 회

벌아 벌아 꿀 떠라

예술|문화 ★ 옛날부터 전해 오는 노래를 불러요.

5 회

하늘을 나는 열기구

STEAM ★ 하늘을 나는 열기구는 누가 만들었을까?

어느 수준일까요?

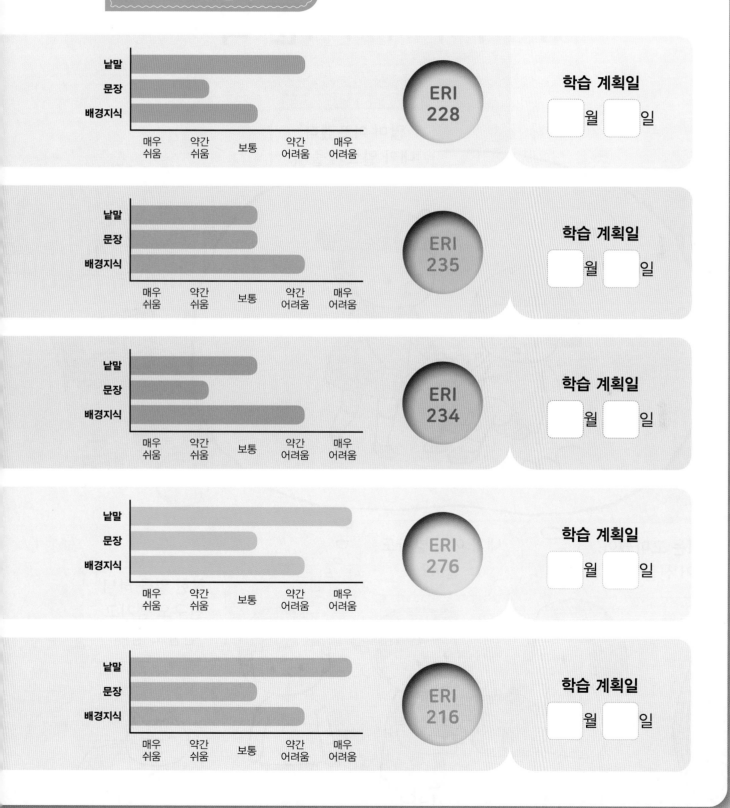

착한 마음을 가지면 복을 받아요.

제비가 가져다준 복

오두막집

| 오 | 두 | 막 | 집 |

사람이 겨우 살 수 있을 정도로 작은 집.

예 흥부는 가난해서 오두막집에서 살았어.

비슷한 말로
오막살이라고 해.

제비

| 제 | 비 | 제 | 비 | 제 | 비 |

등이 검고, 배는 하얀색이며, 매우 빠르게 나는 작은 새.

예 제비는 봄에 우리나라에 와서 가을에 남쪽으로 간대.

제비는 따뜻한 계절
에만 오는 철새야.

박

| 박 | 박 | 박 |

줄기는 다른 물체를 감고 올라가고 둥근 열매가 열리는 식물. 또는 그 열매.

예 지붕 위에 주렁주렁 박이 열렸어.

박은 속을 파내고
말리면 바가지가 돼.

알고 있니? 제비는 철새예요

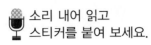소리 내어 읽고
스티커를 붙여 보세요.

잘 듣고
읽어 보세요.

제비가 가져다준 복

옛날 어느 마을에 욕심 많은 형 놀부와 마음씨 착한 동생 흥부가 살았어요. 부모님은 형 놀부에게 동생을 잘 돌보라며 많은 재산을 물려주셨어요. 하지만 욕심 많은 놀부는 추운 겨울날 흥부를 빈손으로 쫓아냈어요. 흥부는 마을 사람들의 도움을 받아 겨우 살아갈 수 있었지요.

따뜻한 봄이 되자, 흥부의 오두막집에 제비가 찾아왔어요. 제비는 둥지 안에 알을 낳았어요. 알을 깨고 나온 새끼 제비들이 지지배배 노래를 불렀어요.

그러던 어느 날, 새끼 제비 한 마리가 땅으로 떨어졌어요. 깜짝 놀란 흥부는 제비의 다친 곳을 정성껏 치료해 주었어요.

다음 해 봄이 되었어요. 제비 한 마리가 흥부네 집 마당에 박씨를 떨어뜨려 주었어요. 흥부는 박이 크게 자라기를 빌면서 심었어요. 얼마 지나지 않아 흥부의 소원대로 박이 주렁주렁 열렸어요. 흥부는 가장 큰 박을 따서 먹으려고 했어요. 있는 힘을 다해 박을 자르자 "쩍!" 하고 박이 벌어졌어요. 흥부의 입도 쩍 벌어졌어요. 큰 박 속에서 하얀 쌀밥이 쏟아져 나왔거든요. 마음씨 착한 흥부에게 제비가 복을 가져다준 것이지요.

글의 내용 이해하기

1 이 글의 내용으로 알맞지 않은 것은 무엇입니까? (   )

① 놀부는 추운 겨울날 흥부를 쫓아냈습니다.
② 부모님은 놀부에게 재산을 물려주셨습니다.
③ 봄이 되자 흥부네 집에 제비가 찾아왔습니다.
④ 흥부는 형 놀부에게 박씨를 가져다주었습니다.
⑤ 흥부가 박을 자르자 하얀 쌀밥이 쏟아져 나왔습니다.

낱말 뜻 이해하기

2 다음 글에서 밑줄 친 '이것'은 무엇입니까? 보기 에서 찾아 쓰세요.

흥부처럼 착하게 살면 나중에 좋은 일이 생기는 것을 <u>이것</u> 받았다고 말합니다.

보기   •벌   •복   •흥   •화

글의 내용 적용하기

3 이 글을 읽은 후 든 생각을 바르게 말한 친구는 누구인지 모두 ○표 하세요.

집 안에서 새를 많이 키워야 복을 받는 거야.

어려운 상황에서도 착하게 살아야 복을 받는 거야.

자신보다 힘없는 동물을 보살펴 주는 착한 마음을 가져야 복을 받는 거야.

(   )   (   )   (   )

4 형 놀부가 욕심이 많다는 것을 알 수 있게 한 일은 무엇입니까? ( )

① 제비가 박씨를 물어다 준 일

② 흥부네 집에 제비가 찾아온 일

③ 흥부가 동네 사람들의 도움을 받은 일

④ 추운 겨울날 동생 흥부를 빈손으로 내쫓은 일

⑤ 부모님으로부터 동생을 잘 돌보라며 부탁받은 일

5 이 글의 내용으로 보아 다음 빈칸에 들어갈 내용으로 알맞지 <u>않은</u> 것은 무엇입니까?

( )

> 제비가 물어다 준 박씨가 자라서 흥부네 집에는 큰 박이 주렁주렁 열렸습니다. 배가 고팠던 흥부는 고픈 배를 달래려고 박을 잘라 먹으려고 했습니다. 그랬더니 자른 박에서 하얀 쌀밥이 쏟아져 나왔습니다. 배부르게 밥을 먹고 난 흥부는 또 다른 박을 자르기 시작했습니다. 그런데 이번에는 박 속에서 이/가 쏟아져 나왔습니다.

① 크고 넓은 집 ② 깨끗하고 좋은 옷

③ 귀한 보석과 돈 ④ 무섭고 성질 사나운 도깨비

⑤ 마을 사람들과 나누어 먹을 수 있는 떡

6 '제비'와 같이 계절에 따라 옮겨 다니며 사는 새를 무엇이라고 하는지 쓰세요.

 흐리게 쓴 글자는 따라 쓰세요.

어휘 살찌우기

'알을 깨고 나온 제비 새끼.'에서의 '깨다'는 글자는 같은데 여러 가지 다른 뜻으로 쓰입니다. 정확한 뜻을 알아보고 따라 써 봅니다.

깨다
껍질을 부수고 새끼가 나오다.

알	을		깨	고		나	왔	다	.

깨다
여러 조각이 나게 하다.

창	문	을		깼	다	.			

깨다
본래의 정신을 되찾다.

잠	에	서		깼	다	.			

순우리말

아무것도 없는 상태를 뜻하는 '비다'에서 온 말인 '빈–'이 앞에 붙어 된 순우리말을 알아보고 따라 써 봅니다.

빈손
아무것도 가진 것이 없는 손.

빈	손		빈	손

빈집
사람이 살지 아니하는 집.

빈	집		빈	집

빈터
집이나 밭 따위가 없는 비어 있는 땅.

빈	터		빈	터

빈자리
사람이 앉지 아니하여 비어 있는 자리.

빈	자	리

2단계 기본 – 1주차 **17**

자기가 잘하는 일을 나눠서 해요.

왜 서로 다른 일을 할까?

호미

| 호 | 미 | 호 | 미 | 호 | 미 |

잡초나 감자, 고구마 따위를 캘 때 쓰는 농기구.
예 호미로 땅을 파고 고구마를 캤어.

호미처럼 주로 농사에 쓰는 것을 농기구라고 해.

바늘

| 바 | 늘 | 바 | 늘 | 바 | 늘 |

옷 따위를 짓거나 꿰맬 때 쓰는 물건.
예 옷에 단추를 달기 위해 바늘과 실을 찾고 있다.

바늘로 옷을 짓거나 꿰매는 일을 바느질이라고 해.

바다

| 바 | 다 | 바 | 다 | 바 | 다 |

지구상에서 육지 이외에 짠물이 차 있는 넓은 부분.
예 배를 타고 바다로 나갔다.

갈매기처럼 바다에서 살아가는 새를 바닷새라고 해.

알고 있니? 세상에는 다양한 일을 하는 사람들이 있어요

옛날에는 필요한 것을 모두 자기가 만들어 썼어요. 하지만 세월이 흐르면서 일을 나눠서 하게 되었어요. 그리고 각자 자기가 잘하는 일, 좋아하는 일을 하면서 서로 필요한 것을 사고팔게 되었어요.

쌀, 채소 등의 농사를 짓는 사람, 소를 키우고 우유를 만드는 사람, 바다에서 물고기를 잡는 사람이 있어요. 공장에서 물건을 만드는 사람, 커다란 건물을 짓는 사람도 있어요. 그리고 여러 사람이 만든 물건을 차, 배, 비행기로 옮기는 사람도 있고요. 시장에서 사람들에게 물건을 파는 사람도 있어요. 이렇게 다양한 일을 여러 사람이 나눠서 하면서 더 많은 물건을 더 편리하게 만들고 쓸 수 있는 것이랍니다.

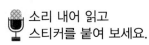 소리 내어 읽고
스티커를 붙여 보세요.

 잘 듣고
읽어 보세요.

왜 서로 다른 일을 할까?

어떤 섬에 세 사람이 살고 있었습니다.

밭에서 호미로 감자를 심던 사람이 생각했습니다.

'난 감자를 잘 기를 수 있어. 하지만 물고기를 잡거나 옷을 만드는 일은 어려워. 내일은 물고기를 잡으러 가야 하는데 한 마리도 못 잡으면 어떡하지?'

나무 아래에서 실과 바늘로 옷을 만들던 사람도 생각했습니다.

'난 옷 만드는 일은 참 재미있어. 하지만 감자를 심거나 물고기를 잡는 일은 싫어. 내일은 감자를 심어야 해. 하루에 다 못 끝내면 어떡하지?'

바다에서 그물로 물고기를 잡던 사람도 생각했습니다.

'난 누구보다 물고기를 잘 잡아. 하지만 옷을 만드는 일이나 감자를 심는 일은 잘 못해. 내일은 옷을 만들어야 하는데 또 잘못 만들면 어떡하지?'

세 사람은 일을 마치고 집으로 돌아가는 길에 만나서 이야기를 나누었습니다.

"난 감자를 기르는 일만 하고 싶어."

"난 다른 일보다 옷을 만드는 일이 좋아."

"난 물고기만 잡고 싶은걸."

그러자 오늘 감자를 심은 사람이 다른 두 사람에게 말했습니다.

"그럼 이제부터는 우리 각자 하고 싶은 일만 하자. 그리고 감자랑 옷이랑 물고기를 서로 필요한 만큼 바꾸는 거야. 어때?"

그 말을 듣고 다른 두 사람은 좋은 생각이라며 밝게 웃었습니다.

글의 내용 **이해하기**

1 이 글의 내용으로 알맞지 <u>않은</u> 것은 무엇입니까? (   )

① 세 사람은 같은 섬에 살고 있습니다.

② 감자를 심던 사람은 밭에서 일을 했습니다.

③ 물고기를 잡던 사람은 바다에서 일을 했습니다.

④ 실과 바늘로 옷을 만들던 사람은 나무 아래에서 일을 했습니다.

⑤ 세 사람은 아침 일찍 일하러 가다가 만나 이야기를 나누었습니다.

세부 내용 **이해하기**

2 감자를 심던 사람은 어떤 걱정을 하고 있습니까? (   )

① 다른 두 사람과 싸울까 봐 걱정하고 있습니다.

② 집으로 돌아가지 못할까 봐 걱정하고 있습니다.

③ 내일 옷 만드는 일을 망칠까 봐 걱정하고 있습니다.

④ 내일 물고기를 한 마리도 못 잡을까 봐 걱정하고 있습니다.

⑤ 오늘 심은 감자에서 싹이 나지 않을까 봐 걱정하고 있습니다.

글의 내용 **적용하기**

3 오늘 감자를 심은 사람이 말한 대로 한다면, 세 사람은 서로 필요한 것을 얻기 위해 무엇을 주고받아야 하는지 쓰세요.

(1) 감자를 잘 기르는 사람은 자기가 기른 감자를 주고 [   ] 와/과 [| |]

을/를 받아야 합니다.

(2) 옷 만드는 것을 재미있어 하는 사람은 자기가 만든 옷을 주고 [|] 와/과

[| |] 을/를 받아야 합니다.

(3) 물고기를 잘 잡는 사람은 자기가 잡은 물고기를 주고 [   ] 와/과 [|]

을/를 받아야 합니다.

4 바다에서 물고기를 잡던 사람이 사용한 도구는 무엇인지 맞는 것에 ○표 하세요.

바다에서 (호미 / 바늘 / 그물)로 물고기를 잡았습니다.

배경지식 활용하여 추론하기

5 다음 글을 읽고 빈칸에 들어갈 내용으로 알맞은 것에 ○표 하세요.

오늘 감자를 심은 사람은 누구보다 감자를 잘 기를 수 있습니다. 오늘 옷을 만든 사람은 누구보다 즐거운 마음으로 옷을 만들 수 있습니다. 그리고 오늘 물고기를 잡은 사람은 누구보다 물고기를 잘 잡을 수 있습니다.

세 사람이 앞으로 항상 즐겁게 일하면서도 자기가 필요한 것을 얻으려면

(1) 혼자서 세 가지 일 모두를 직접 하는 것이 좋습니다.   (   )

(2) 각자 잘하는 일을 하고 서로 필요한 만큼 바꾸는 것이 좋습니다.   (   )

배경지식 활용하여 추론하기

6
스티커
다음 두 사람은 서로 다른 일을 합니다. 두 사람이 만든 물건의 이름을 쓰고, 어떤 일을 하는 사람인지 스티커에서 찾아 붙여 보세요.

잘못 쓰기 쉬운 말

낱말을 쓸 때 잘못 쓰기 쉬운 낱말이 있습니다. 바르게 쓴 낱말을 잘 보고 따라 써 봅니다.

| 밭 ◎ | 받 ✕ | → | 밭 | 밭 |

| 그물 ◎ | 그믈 ✕ | → | 그 물 | 그 물 |

| 밝게 ◎ | 발께 ✕ | → | 밝 게 | 밝 게 |

| 끝내다 ◎ | 끈내다 ✕ | → | 끝 내 다 | 끝 내 다 |

어휘 살찌우기

'감자를 기르는 일', '물고기를 잡는 일'과 관련 있는 낱말을 따라 써 봅니다.

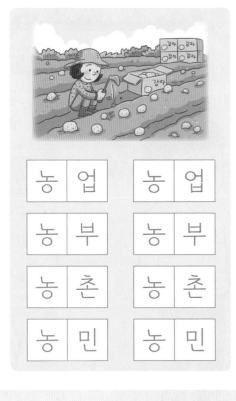

농 업	농 업
농 부	농 부
농 촌	농 촌
농 민	농 민

어 업	어 업
어 부	어 부
어 촌	어 촌
어 민	어 민

꿀벌들이 바쁘게 일을 해요.

꿀벌의 춤

꿀벌

꿀 벌 꿀 벌 꿀 벌

꽃에서 꿀을 가져와 모으는 벌.

예) 꿀벌이 꽃에 앉았습니다.

꿀벌이 모은 꿀은 벌꿀이라고 해.

춤

춤 춤 춤

장단에 맞추어 팔다리와 몸을 움직이는 것.

예) 내 친구는 춤을 잘 춥니다.

비슷한 말로 무용이 있어.

동그라미

동 그 라 미

동그랗게 생긴 모양.

예) 맞는 답에 동그라미를 쳤어.

동그라미를 원이라고도 해.

알고 있니? 벌들의 이야기

ERI지수 234 과학 | 자연

소리 내어 읽고
스티커를 붙여 보세요.

잘 듣고
읽어 보세요.

꿀벌의 춤

우리는 꿀벌을 언제 볼 수 있을까요?

꿀벌은 봄이 되면 자주 볼 수 있어요.

꿀벌은 작은 날개로 꽃들 사이를 부지런히 날아다니거든요.

꿀벌이 꽃을 찾아다니는 이유는 꿀을 모으기 위해서예요.

꿀벌은 꽃에서 모은 꿀을 벌집*에 저장해요.

그리고 꿀벌은 꿀을 찾으면 재미있는 일을 해요.

꿀을 찾자마자 춤을 추는 거예요.

꿀을 찾은 꿀벌은 하늘에 동그라미를 그리며 나는 춤을 춰요.

또 흔들흔들* 몸을 움직이는 춤을 추기도 해요.

그런데 꿀벌은 왜 춤을 출까요?

바로 다른 꿀벌들에게 꿀이 있는 곳을 알려 주기 위해서예요.

춤을 추는 꿀벌을 보고, 다른 꿀벌들이 꿀을 찾으러 오지요.

또, 꿀벌은 새로운 집을 찾은 다음에도 춤을 춰요.

춤을 춰서 새집이 어디에 있는지 다른 꿀벌들에게 알려 준답니다.

우리가 말로 이야기하듯이 꿀벌은 춤으로 이야기하는 거예요.

*벌집: 벌이 알을 낳고 먹이와 꿀을 저장하며 생활하는 집.
*흔들흔들: 자꾸 이리저리 흔들리거나 흔들리게 하는 모양.

글의 내용 **이해하기**

1 이 글의 내용으로 알맞지 <u>않은</u> 것은 무엇입니까? (   )

① 꿀벌은 꿀을 모읍니다.

② 꿀벌은 부지런히 날아다닙니다.

③ 꿀벌은 꿀을 벌집에 저장합니다.

④ 꿀벌은 춤으로 이야기를 합니다.

⑤ 꿀벌은 겨울에 자주 볼 수 있습니다.

세부 내용 **이해하기**

2 꿀벌이 꽃을 찾아다니는 이유는 무엇입니까? (   )

① 춤을 추기 위해서

② 집을 찾기 위해서

③ 짝을 찾기 위해서

④ 꿀을 모으기 위해서

⑤ 새집을 찾기 위해서

세부 내용 **이해하기**

3 꿀벌이 춤을 추는 이유를 바르게 설명한 친구에 모두 ○표 하세요.

(1)
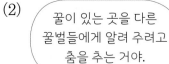
잠을 자고 있는 꿀벌을 깨우려고 춤을 추는 거야.

(   )

(2)
꿀이 있는 곳을 다른 꿀벌들에게 알려 주려고 춤을 추는 거야.

(   )

(3)
새로 찾은 집이 어디 있는지 다른 꿀벌들에게 알려 주려고 춤을 추는 거야.

(   )

4 꿀벌이 춤을 추는 모양을 가장 잘 설명한 것은 무엇입니까? (   )

① 다리를 쭉 펴고 춤을 춥니다.

② 날개를 늘어뜨리고 춤을 춥니다.

③ 땅에서 뛰어오르며 춤을 춥니다.

④ 흔들흔들 몸을 움직이며 춤을 춥니다.

⑤ 하늘에 별 모양을 그리면서 춤을 춥니다.

낱말 뜻 이해하기

5 빈칸에 들어갈 알맞은 말을 보기 에서 찾아 쓰세요.

보기

　　　　　• 말랑말랑　　　　• 흔들흔들　　　　• 모락모락

바람이 불자 나뭇잎이 ☐☐☐☐ 춤을 춥니다.

배경지식 활용하여 추론하기

6 스티커 다음 일을 하는 꿀벌은 어떤 꿀벌인지 쓰고, 스티커에서 찾아 붙여 보세요.

 흐리게 쓴 글자는 따라 쓰세요.

어휘 살찌우기

'꿀'이 들어간 낱말을 알아보고 따라 써 봅니다.

 **꿀물** 꿀을 탄 물.

| 꿀 | 물 | | 꿀 | 물 | | 꿀 | 물 |

 **꿀떡** 꿀이나 설탕을 넣어 만든 떡.

| 꿀 | 떡 | | 꿀 | 떡 | | 꿀 | 떡 |

 **꿀통** 꿀을 담는 통.

| 꿀 | 통 | | 꿀 | 통 | | 꿀 | 통 |

 **꿀단지** 꿀을 담아 두는 작은 항아리.

| 꿀 | 단 | 지 | | 꿀 | 단 | 지 |

재미있는 속담 익히기

꿀 먹은 벙어리

마땅히 무슨 말이든 해야 하는데도 하지 못하거나, 사실을 알면서도 말을 못할 때 '꿀 먹은 벙어리'라는 말을 쓰기 시작했어요.

속에 있는 생각을 겉으로 나타내지 못하는 사람을 두고 놀림조로 이르는 말이지요.

속담을 따라 써 봅니다.

| 꿀 | | 먹 | 은 | | 벙 | 어 | 리 |

그림으로 배우는 어휘

흐리게 쓴 글자는 따라 쓰세요.

철쭉

철	쭉	철	쭉	철	쭉

진달래 다음에 피는 분홍색 꽃.
예) 산에 철쭉이 피었어요.

철쭉의 다른 이름은
연달래야.

동요

동	요	동	요	동	요

어린이들이 즐겨 부르는 노래.
예) 아이들이 전래 동요를 불러요.

예로부터 전해 내려오는
동요를 전래 동요라고 해.

방망이

방	망	이	방	망	이

치거나 두드리는 데 쓰는 길고 둥근 막대기.
예) 나무를 깎아서 방망이를 만들어요.

방망이로 두드리는 일을
방망이질이라고 해.

알고 있니?　　전래 동요

"까치야 까치야,
헌 이 줄게. 새 이 다오."
이 노래는 옛날부터 불리던 전래 동요예요.
요즘은 치과에 가서 이를 뽑지요? 하지만 옛날에는 집에서 어른들이 이를 뽑아 주셨어요. 아이들은 뽑은 이를 지붕으로 높이 던지며 까치에게 새 이를 나게 해 달라고 부탁하며 이 노래를 불렀어요.
이렇게 옛날부터 전해 내려오는 아이들의 노래를 전래 동요라고 부릅니다.

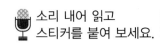
소리 내어 읽고
스티커를 붙여 보세요.

잘 듣고
읽어 보세요.

벌아 벌아 꿀 떠라

벌아 벌아 꿀 떠라　　　　　　벌아 벌아 꿀 떠라

연달래*꽃 줄까　　　　　　　　연달래 꽃 줄까

지게달래*꽃 줄까　　　　　　　지게달래 꽃 줄까

이게 무슨 소리일까요? 지우는 밖에서 들려오는 노랫소리에 잠이 깼습니다. 눈을 비비며 거실로 나오니 엄마께서 지우를 보고 웃고 계십니다.

"우리 딸 일어났니?"

"노랫소리가 들려서 깼어요."

"네가 학교 가기 전에 아침마다 노래 한 곡씩 들려주려고 틀었단다."

"처음 듣는 노래인데요?"

"엄마가 어렸을 때 할머니께서 불러 주시던 전래 동요야."

"노래에서 봄 냄새가 나요."

"지우가 노래를 잘 이해했구나. 옛날에는 아이들이 봄이면 진달래와 철쭉을 꺾어 꽃으로 방망이를 만들곤 했어. 이 노래는 꽃으로 만든 방망이를 돌리면서 부르던 노래란다."

전래 동요가 참 흥겹습니다. 지우는 노래를 따라 부르며 자기도 모르게 어깨를 들썩입니다.

*연달래: 철쭉을 부르는 또 다른 이름.
*지게달래: 진달래를 부르는 또 다른 이름.

🐹 글의 내용 이해하기

1 이 글에서는 누구와 누가 대화를 나누고 있습니까? (   )

① 아빠와 딸

② 엄마와 딸

③ 엄마와 아들

④ 할머니와 손녀

⑤ 할머니와 엄마

🐻 세부 내용 이해하기

2 지우는 엄마가 들려주는 전래 동요를 듣고 어떤 마음이 들었습니까? (   )

① 슬픈 마음

② 흥겨운 마음

③ 무서운 마음

④ 불쌍한 마음

⑤ 섭섭한 마음

🐻 낱말 뜻 이해하기

3 빈칸에 공통으로 들어갈 알맞은 말을 이 글에서 찾아 쓰세요.

> 엄마가 지우에게 들려준 전래 동요에서 '지게 달래'는 진달래, ' [ ][ ][ ] '는 철쭉입니다. 철쭉은 진달래가 핀 후 연달아서 핀다고 해서 ' [ ][ ][ ] '라고 부릅니다.

4 '벌아 벌아 꿀 떠라'는 아이들이 누구를 향해 부른 노래입니까? 알맞은 것에 ○표 하세요.

(1) 연달래를 향해 부른 노래입니다.
(   )

(2) 지게달래를 향해 부른 노래입니다.
(   )

(3) 벌을 향해 부른 노래입니다.
(   )

5 이 글의 전래 동요 '벌아 벌아 꿀 떠라'를 따라 부르면 어떤 계절이 떠오르나요? 알맞은 것에 ○표 하세요.

| 봄 | 여름 | 가을 | 겨울 |

6 전래 동요의 가사를 바꾸어 부르기 놀이를 해 봅니다. 밑줄 친 꽃 대신 빈칸에 들어갈 알맞은 꽃 이름을 쓰고 따라 불러 보세요.

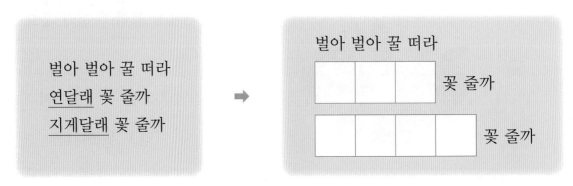

벌아 벌아 꿀 떠라
연달래 꽃 줄까
지게달래 꽃 줄까

➡

벌아 벌아 꿀 떠라
[   ][   ][   ] 꽃 줄까
[   ][   ][   ][   ] 꽃 줄까

흐리게 쓴 글자는 따라 쓰세요.

어휘
살찌우기

'꿀 떠라'에서의 '뜨다'는 글자는 같은데 뜻이 다른 낱말로 쓰입니다. 낱말의 뜻을 잘 보고 따라 써 봅니다.

뜨다
해, 달, 별 등이 솟아 오르다.

달	이		뜨	다

뜨다
가루나 물 따위를 푸다.

꿀	을		뜨	다

뜨다
감은 눈을 열다.

눈	을		뜨	다

한자 '童(아이 동)'이 들어간 낱말을 소리 내어 읽고 따라 써 봅니다.

한자어

동요
어린아이를 위하여 지은 노래.

동	요

동화
어린아이를 위하여 지은 이야기.

동	화

동시
어린아이를 대상으로 지은 시.

동	시

동심
어린아이의 마음.

동	심

하늘을 나는 열기구는 누가 만들었을까?

하늘을 나는 열기구

새가 된
기분이야.

오늘 열기구를
타 보니 어때?

바람은
눈에 보이지 않아.

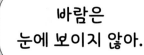

오늘은 바람이
시원하게 부네.

하늘을 나는 것에는
어떤 것들이 있을까?

글쎄?

그림으로 배우는 어휘

형제

형과 동생.

예 우리는 사이좋은 형제예요.

| 형 | 제 | 형 | 제 | 형 | 제 |

언니와 동생은
자매라고 해.

기체

기체

김이나 공기처럼 모양이 없고 자유롭게
움직이는 물질.

예 기체는 공기처럼 정해진 모양이 없어요.

| 기 | 체 | 기 | 체 | 기 | 체 |

물은 액체이고,
얼음은 고체야.

공기

지구를 둘러싸고 있는 냄새나
색깔이 없는 여러 가지 기체가 섞인 것.

예 숲속의 맑은 공기를 마셔요.

| 공 | 기 | 공 | 기 | 공 | 기 |

새의 몸통에서 공기가
드나드는 주머니가
공기주머니야.

? 알고 있니? 바람은 공기가 움직이는 거예요

공기가 따뜻하면
가벼워져서
위로 올라가요.

공기가 추우면
무거워져서
아래로 내려가요.

똘똘 뭉쳐 힘이 세진 추운 공기들은
자리가 비워 있는 더운 쪽으로 가요.
그래서 바람이 부는 거예요.

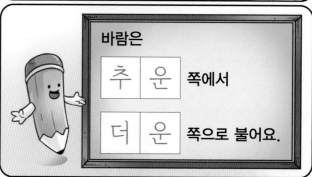

바람은

| 추 | 운 | 쪽에서

| 더 | 운 | 쪽으로 불어요.

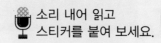 

하늘을 나는 열기구

'사람은 새처럼 날 수 없는 걸까?'

프랑스의 몽골피에 형제들은 하늘을 날고 싶어 했습니다.

어느 날, 형 조제프는 아내의 앞치마가 부풀어 오르는 것을 보았습니다.

'따뜻한 난로 옆에서 앞치마가 부풀어 오르네!'

'그럼, 불을 피워 연기를 주머니 안에 채워 보자. 따뜻한 공기는 가벼우니까 주머니가 위로 떠오를 거야. 그럼 하늘을 날 수 있지 않을까?'

조제프는 동생을 찾아가서 자기의 생각을 이야기했습니다.

몽골피에 형제는 먼저 헝겊*으로 커다란 주머니를 만들었습니다. 그리고 불을 피워 주머니 안에 뜨거운 공기가 들어가도록 하였습니다. 그러자 주머니가 붕붕 떠오르기 시작했습니다. 하지만 하늘을 날지는 못했습니다.

몽골피에 형제는 계속 노력한 끝에 닭, 오리, 양을 실은 열기구가 베르사유 궁전 위를 8분 동안 날게 하는 데 성공했습니다. 그리고 1783년 11월 21일에 최초로 사람을 태운 열기구가 하늘을 나는 데 성공했습니다.

열기구는 어떻게 하늘을 날 수 있었을까요? 바로 커다란 주머니 안에 뜨거운 공기를 넣는 것에 있었습니다. 주변의 공기보다 뜨거운 공기는 무게가 가벼워 위로 떠오를 수 있기 때문입니다.

이런 원리를 이용하여 지금은 훨씬 높이, 더 오래 열기구를 타고 하늘을 날 수 있습니다.

*헝겊: 옷을 만드는 천 등의 조각.

1 이 글의 내용으로 알맞은 것에 모두 ○표 하세요.

(1) 열기구를 만든 사람은 몽골피에 형제입니다. ( )

(2) 먼저 형 조제프가 열기구를 타고 하늘을 나는 데 성공했습니다. ( )

(3) 열기구의 공기주머니에 뜨거운 공기를 넣으면 위로 올라갑니다. ( )

세부 내용 이해하기

2 열기구가 하늘을 날 수 있는 이유로 옳은 것에 ○표 하세요.

열기구는 주위의 공기보다 온도가 뜨거운 공기는 (위 / 아래)로 이동하는 성질을 이용하여 만든 기구입니다.

글의 내용 적용하기

3 열기구는 어떻게 이루어져 있는지 보고, 빈칸에 들어갈 알맞은 말을 쓰세요.

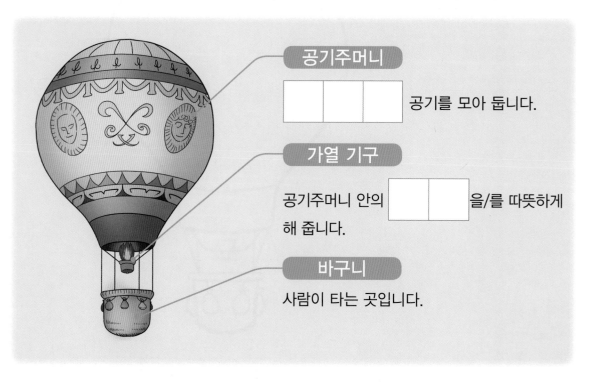

공기주머니

□□□ 공기를 모아 둡니다.

가열 기구

공기주머니 안의 □□을/를 따뜻하게 해 줍니다.

바구니

사람이 타는 곳입니다.

4 하늘을 나는 것에는 무엇이 있는지 떠올려 써 보세요.

비행기

하늘을 나는 것

 내용 이해하고 **활동하기**

5 다음 열기구를 여러분만의 열기구로 예쁘게 꾸며 보세요.

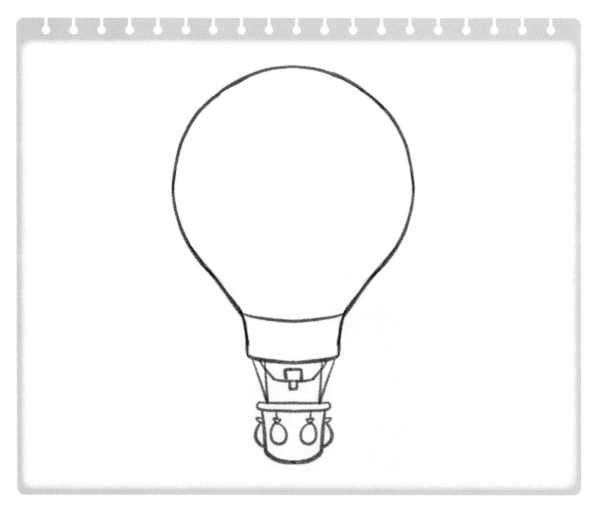

흐리게 쓴 글자는 따라 쓰세요.

순우리말

그림 속 낱말을 따라 써 봅니다.

'하늘, 별, 땅'이 들어간 순우리말을 알아보고, 따라 써 봅니다.

밤하늘
어두운 밤의 하늘.

별똥별
먼 하늘의 먼지 덩어리
가 지구로 떨어지면서
공기와 부딪쳐 내는 빛.

땅바닥
아무것도 깔지 않은 땅
의 바닥.

한자어

한자어를 소리 내어 읽고, 따라 써 봅니다.

우주
집 우 宇 + 집 주 宙

지구를 포함한 모든 별이 있는
끝없이 넓은 곳.

宇 宙
집 우 집 주

우주인

宇 宙 + 人
집 우 집 주 사람 인

우주선

宇 宙 + 船
집 우 집 주 배 선

2단계 기본 – 1주차 **41**

말에 따라 기분이 달라져요.

말에는 힘이 있어요

인사

인 사   인 사   인 사

서로 만나거나 헤어질 때 허리 굽혀 절을 하는 것.
처음 보는 사람이 자기를 소개하는 것.
예 이웃 어른께 인사를 드렸어.

인사하는 말을
인사말이라고 해.

말

말   말   말

생각이나 느낌을 표현하기 위해서 사람의 목에
서 나오는 소리.
예 고운 말을 써야 해!

말은 내 생각을
전달하는 언어야.

사과

사 과   사 과   사 과

자신의 잘못에 대해 용서를 구하는 것.
예 내가 잘못했어. 내 사과를 받아 줘!

사과하는 내용의 글을
사과문이라고 해.

알고 있니?   늑대가 나타났어요!

늑대가
나타났어요.

양치기 소년이 있었어요. 양을 보다가 심심하던
소년은 "늑대가 나타났어요." 하고 소리쳤어요. 그
러자 놀란 동네 사람들이 늑대를 잡으러 왔어요.
그런데 소년이 거짓말을 한 것을 알고는 화가 나서
모두 돌아갔어요.

그 모습이 재미있었던 양치기 소년은 "늑대가 나
타났어요." 하는 거짓말을 여러 번 했어요.

그러던 어느 날, 진짜 늑대가 나타났어요. 소년이 "늑대가 나타났어요." 하고 소리
쳤지만 아무도 오지 않았어요. 동네 사람들은 소년이 이번에도 또 거짓말을 한다고
생각했던 거예요. 그래서 소년은 돌보던 양을 모두 잃고 말았답니다.

만약 소년이 거짓말로 장난을 치지 않았다면 양을 잃지 않았겠지요?

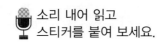

소리 내어 읽고
스티커를 붙여 보세요.

잘 듣고
읽어 보세요.

말에는 힘이 있어요

학교 가는 길에 낙엽을 쓸고 계시는 아저씨를 보았어요.

"깨끗하게 해 주셔서 감사합니다." 하고 인사했더니,

"고맙다. 학교 잘 다녀와라."라고 해 주셨어요.

감사한 마음을 전했더니 기분 좋은 말이 돌아온 거예요.

학교에서 친구와 공 주고받기 놀이를 했어요. 내가 자꾸 실수를 해서 친구가 공을 주으러 다녔어요.

"공을 잘 던지지 못해서 미안해." 하고 사과했더니,

"괜찮아. 다음에 잘 던지면 되지."라고 말해 주었어요.

㉠<u>움츠렸던 마음이 나팔꽃처럼 활짝 피어나는 것 같았어요.</u>

집에 왔는데 동생이 뛰어나와 "보고 싶었어."라며 반겨 주었어요. 그 말을 듣자 동생이 더욱 사랑스럽게 느껴졌어요.

한번은 이런 일이 있었어요. 앞서가던 친구의 가방에서 필통이 떨어져 주워 주었어요. 그런데 친구는 필통을 받아서 아무 말 없이 그냥 가 버렸어요. 그때 나는 괜히 주워 주었다는 생각을 했어요. 고맙다는 말을 해 주었다면 그런 마음이 들지 않았을 거예요.

말은 내 마음을 착하게 만들기도 하고, 나쁘게 만들기도 해요. 마음을 움직이는 말은 정말 힘이 센 것 같아요.

글의 내용 **이해하기**

1 이 글의 내용으로 알맞지 <u>않은</u> 것은 무엇입니까? (   )

① '나'는 무슨 일이 있더라도 고맙다는 말만 합니다.

② 동생이 '나'에게 보고 싶었다는 말을 해 주었습니다.

③ '나'는 길거리를 청소하시는 아저씨께 감사의 말을 했습니다.

④ 필통을 받은 친구가 '나'에게 고맙다는 말을 하지 않아서 속상했습니다.

⑤ '나'는 친구와 공놀이를 하면서 실수를 많이 해서 미안하다고 말했습니다.

세부 내용 **이해하기**

2 '나'가 친구의 필통을 괜히 주워 주었다고 생각한 까닭은 무엇입니까? (   )

① 친구가 필통을 '나'에게 던져서

② 친구가 '나'에게 괜찮다고 말해서

③ 필통 때문에 그 친구와 다투게 되어서

④ 주워 준 필통을 친구가 다시 떨어뜨려서

⑤ 필통을 주워 주었는데도 친구가 아무 말도 없이 가 버려서

글의 내용 **적용하기**

3 친구가 '나'에게 다음과 같은 행동을 했을 때, '나'가 친구에게 할 수 있는 말로 알맞은 것은 무엇입니까? (   )

① "미안해."   ② "고마워."   ③ "괜찮아."

④ "무서워."   ⑤ "보고 싶었어."

4 ㉠과 같은 마음이 든 것은 친구가 무엇이라고 말해 주었기 때문인지 알맞은 것에 ○표 하세요.

(1) 공을 잘 던지지 못해서 미안해.   (   )

(2) 괜찮아. 다음에 잘 던지면 되지.   (   )

5 빈칸에 공통으로 들어갈 알맞은 말을 이 글에서 찾아 쓰세요.

고마운 마음을 전하니 기분 좋은 [   ]이/가 돌아옵니다.

미안한 마음을 전하니 힘이 나는 [   ]이/가 돌아옵니다.

도움을 주었지만 고맙다는 [   ]을/를 하지 않으니 나쁜 마음이 듭니다.

[   ]은/는 내 마음을 착하게도 하고 나쁘게도 합니다.

6 아이가 들고 있는 방석에 기분이 좋아지는 말과 기분이 나빠지는 말을 스티커에서 찾아 붙여 보세요.
스티커

기분이 좋아지는 말   기분이 나빠지는 말

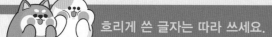

잘못 쓰기 쉬운 말

낱말을 쓸 때 잘못 쓰기 쉬운 낱말이 있습니다. 바르게 쓴 낱말을 잘 보고 따라 써 봅니다.

낙엽 ◎	낙옆 ✗	→	낙 엽	낙 엽
실수 ◎	실쑤 ✗	→	실 수	실 수
주워 ◎	주서 ✗	→	주 워	주 워
괜히 ◎	괸히 ✗	→	괜 히	괜 히

재미있는 속담 익히기

가는 말이 고와야 오는 말이 곱다

'가는 말이 고와야 오는 말이 곱다'는 내가 먼저 남에게 고운 말을 써야 남도 나에게 고운 말로 대답해 준다는 말이에요.

내가 남에게 말이나 행동을 좋게 해야 남도 나에게 말이나 행동을 좋게 한다는 뜻의 속담이지요.

야, 너는 공도 못 차니?

너나 잘해. 너도 못하거든.

속담을 따라 써 봅니다.

| 가 | 는 | | 말 | 이 | | 고 | 와 | 야 | | 오 | 는 | |
| 말 | 이 | | 곱 | 다 | | | | | | | | |

한글은 쉽게 배워서 쓸 수 있어요.

우리글이 생겼어요!

백성

백 성   백 성   백 성

한 나라에 사는 국민을 뜻하는 옛날 말.

예 나라를 잃은 백성들은 슬퍼하였다.

조선 시대 백성을 지금은 국민이라고 해.

한자

한 자   한 자   한 자

중국에서 만들어져서 오늘날까지 사용하는 글자.

예 한자를 읽는 것은 어렵다.

한자로 씌어진 글을 한문이라고 해.

신하

신 하   신 하   신 하

임금을 섬기어 벼슬하는 사람.

예 임금과 신하 사이에는 서로 믿음이 있어야 합니다.

충성을 다하는 신하를 충신이라고 해.

알고 있니? 자음자와 모음자가 뭘까요?

세종 대왕은 백성들을 위해 한글을 만들었어요. 세종 대왕이 처음 한글을 만들었을 때는 자음자 17개, 모음자 11개였어요. 그런데 지금은 자음자 3개와 모음자 1개는 쓰지 않아요. 우리가 지금 사용하는 한글은 자음자 14개, 모음자 10개예요. 자음자와 모음자가 합쳐지면 글자가 만들어져요.

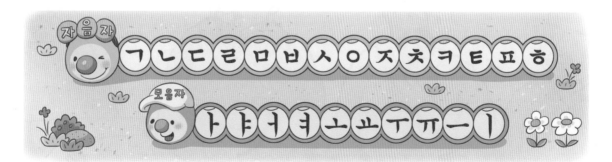

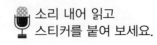
소리 내어 읽고
스티커를 붙여 보세요.

잘 듣고
읽어 보세요.

우리글이 생겼어요!

세종 대왕은 어려서부터 책을 무척 좋아했어요. 병에 걸려 아파도 책을 읽으려고 했어요. 그래서 아버지께 책을 모두 빼앗긴 일도 있었어요.

스물*두 살에 세종 대왕은 왕이 되었어요. 세종 대왕은 백성들이 글을 모르는 것을 안타까워했어요. 당시에는 우리말을 적을 글자가 없었거든요. 그래서 백성들은 중국의 한자를 사용해야 했어요. 하지만 한자는 백성들에게 너무 어려웠어요.

"우리나라 말이 중국 말과 달라서 한자로는 서로 통하지 않으니……."

생각 끝에 세종 대왕은 새로운 글자를 만들기 시작했어요. 세종 대왕은 쉬지 않고 글자를 만들었어요. 그러다 결국 눈병에 걸렸어요. ㉠신하들이 걱정하자 세종 대왕은 이렇게 말했어요.

"㉡백성들을 위한 글자가 만들어진다면 내 눈은 멀어도 괜찮소."

마침내 1443년에 새로운 글자인 '한글'을 만들었어요. 이때부터 백성들은 누구나 쉽게 글을 배우고 읽을 수 있게 되었어요.

*스물: 열의 두 배가 되는 수. 20.

1 이 글의 내용으로 알맞지 <u>않은</u> 것은 무엇입니까? (   )

① 세종 대왕은 새로운 글자를 만들었습니다.

② 세종 대왕은 어려서부터 책을 좋아했습니다.

③ 우리나라 말과 중국 말은 비슷해서 서로 잘 통했습니다.

④ 세종 대왕은 백성들이 글을 모르는 것이 안타까웠습니다.

⑤ 우리 글자가 없을 때 백성들은 중국 한자를 사용했습니다.

세부 내용 이해하기

2 세종 대왕은 몇 살에 왕이 되었습니까? (   )

① 20세   ② 21세   ③ 22세

④ 31세   ⑤ 32세

세부 내용 이해하기

3 세종 대왕이 한글을 만든 까닭은 무엇입니까? (   )

① 한자로 된 책을 읽기 어려워서

② 왕의 힘을 키워 백성들에게 자랑하려고

③ 쉬운 글자로 중국 사람들을 놀래 주려고

④ 다른 나라와 우리글로 편지를 주고받기 위해서

⑤ 백성들 누구나 쉽게 글을 배우고 읽을 수 있게 하기 위해서

4 ㉠에서 신하들은 무엇을 걱정한 것인지 바르게 말한 친구에 ○표 하세요.

(1) 세종 대왕이 아버지께 책을 다 빼앗길까 봐 걱정한 거야.

( )

(2) 우리나라가 글자를 만들면 중국이 싫어할까 봐 걱정한 거야.

( )

(3) 세종 대왕이 밤낮으로 쉬지 않고 글자를 만들다 눈병에 걸린 것을 걱정한 거야.

( )

5 세종 대왕이 만든 ㉡은 무엇인지 이 글에서 찾아 쓰세요.

6 스티커 자음자판과 모음자판에 비어 있는 자음자와 모음자를 스티커에서 찾아 붙여 보세요.

어휘
살찌우기

글자는 같은데 뜻이 다른 낱말을 알아보고 따라 써 봅니다.

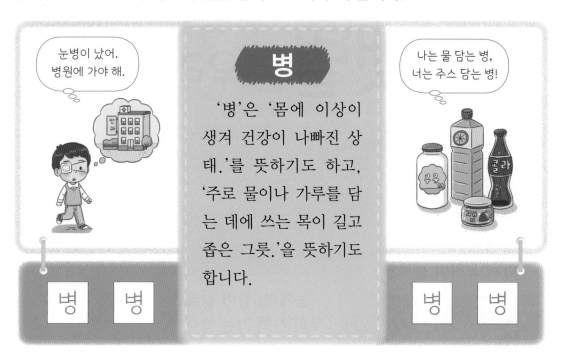

재미있는
속담
익히기

병 주고 약 준다

'병 주고 약 준다'는 병을 나게 해 놓고 약을 준다는 말로, 손해를 입혀 놓고 달래거나 돕는 체한다는 말이지요. 겉으로는 부드러워 보이나 사람을 제멋대로 이용하는 사람에게 자주 쓰입니다.

속담을 따라 써 봅니다.

| 병 | | 주 | 고 | | 약 | | 준 | 다 | |

갯벌에는 누가 살고 있을까요?

갯벌은 우리 집

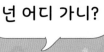
칠게야,
넌 어디 가니?

바닷물이 빠져나갔어.
이제 움직여 볼까?

농게야, 같이 갈래?
우리 산책 가는 중이야.

낙지 아저씨.
이제 나오셨네요!

얘들아,
모두 안녕!

우리도 밖으로
나가 볼까?

갯벌

갯 벌　갯 벌　갯 벌

바닷물이 밀려 나가면 보이는 넓고 평평한 땅.
예 갯벌에서 조개를 주웠다.

갯벌은 펄이라고도 해.

친구

친 구　친 구　친 구

가깝게 오래 사귄 사람.
예 나랑 친구 할래?

친구를 벗이나
동무라고도 하지.

생물

생 물　생 물　생 물

생명을 가진 모든 것.
예 숲에는 많은 생물이 살아가고 있어.

생물을 생명체
라고도 해.

❓ 알고 있니?　갯벌은 어떤 곳일까?

밀물은 바닷물이 육지로 밀려오는 것, 썰물은 바닷물이 육지에서 밀려 나가는 것을 말해요.

갯벌은 밀물 때는 바닷물에 잠기고, 썰물 때는 물이 밀려 나가서 넓고 평평한 땅이 나타나요. 갯벌은 모래와 진흙, 바위와 돌멩이로 이루어져 있지요.

물이 빠진 갯벌에서는 칠게, 낙지, 조개 등을 잡을 수 있지만 지켜야 할 것이 있어요. 항상 어른과 함께 가야 해요. 갯벌은 땅이 질퍽해서 한곳에 오래 서 있으면 발이 빠지니까 자주 자리를 옮겨야 해요. 그리고 물이 들어오는 시간을 알아 두고, 물이 들어오기 전에 얼른 나와야 해요. 갯벌에 물이 들어오는 속도는 생각보다 훨씬 빠르거든요.

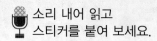
소리 내어 읽고
스티커를 붙여 보세요.

갯벌은 우리 집

내 이름은 칠게입니다. 나는 아주 작은 게입니다. 나는 집게발 두 개와 다리 여덟 개를 갖고 있습니다. 내 몸통은 납작하고 네모납니다.

나는 갯벌에 삽니다. 갯벌은 바닷물이 밀려 나가면 보이는 넓고 평평한 땅입니다. 갯벌은 젖은 흙으로 되어 있습니다.

갯벌에는 나를 잡아먹는 새가 있습니다. 새를 피하기 위해서 나는 갯벌에 구멍을 파고 삽니다. 나는 구멍 안에서 긴 눈을 내밀어 밖을 봅니다. 새가 없으면 나는 구멍 밖으로 나옵니다.

나는 다리를 벌리고 옆으로 걷습니다. 그리고 갯벌의 진흙[*]을 먹습니다. 나는 갯벌에서 햇볕을 쬐기도[*]합니다.

갯벌에는 내 친구가 많습니다. 나와 생긴 모양이 다른 게도 있고, 가재도 있고, 지렁이도 있습니다. 낙지와 불가사리, 몸이 긴 조개도 있습니다. 그리고 몸이 세모난 조개도 있습니다.

갯벌에는 이처럼 많은 생물이 나와 함께 살고 있습니다. 갯벌은 소중한 우리 집입니다.

＊진흙: 질척질척하게 젖어 있는 흙.
＊쬐다: 볕이나 불기운 따위를 몸에 받다.

1 이 글의 내용으로 알맞지 <u>않은</u> 것은 무엇입니까? (   )

① 칠게는 갯벌에 삽니다.

② 갯벌은 마른 흙으로 되어 있습니다.

③ 갯벌에는 많은 생물이 살고 있습니다.

④ 갯벌은 바닷물이 밀려 나가면 보입니다.

⑤ 갯벌에는 칠게를 잡아먹는 새가 있습니다.

세부 내용 이해하기

2 칠게의 생김새를 알맞게 말한 친구는 누구인지 모두 ○표 하세요.

(1) 몸통은 납작하고 세모 모양이야.

(   )

(2) 긴 눈을 갖고 있는 아주 작은 게야.

(   )

(3) 두 개의 집게발과 여덟 개의 다리를 갖고 있어.

(   )

세부 내용 이해하기

3 갯벌에 사는 칠게의 친구가 <u>아닌</u> 것은 무엇입니까? (   )

① 새

② 가재

③ 낙지

④ 조개

⑤ 불가사리

4 빈칸에 들어갈 알맞은 말을 이 글에서 찾아 쓰세요.

- 칠게는 갯벌에 ☐☐ 을/를 파고 삽니다.

- 칠게는 다리를 벌리고 ☐ (으)로 걷습니다.

배경지식 활용하여 추론하기

5 빈칸에 들어갈 알맞은 말을 쓰세요.

- 갯벌에는 ☐☐ 때 물이 들어옵니다.

- 갯벌에는 ☐☐ 때 물이 나갑니다.

내용 이해하고 활동하기

6 갯벌에서 볼 수 있는 것을 찾아 ○표 하고 이름을 따라 써 보세요.

숨은 그림 찾기   낙 지   칠 게   조 개

어휘 살찌우기

낱말 앞에 '없다'라는 뜻을 가진 '무' 자를 붙여 '무엇이 없다'라는 뜻으로 쓰이는 낱말을 알아보고 따라 써 봅니다.

생명을 가진 모든 것.	↔	생명이 없는 모든 것.
생 물		무 생 물

경기 따위에서 점수를 얻음.	↔	점수를 얻지 못함.
득 점		무 득 점

멀리 있는 사람의 사정을 알림.	↔	소식이 없음.
소 식		무 소 식

맡아서 해야 할 임무나 의무.	↔	책임이 없음.
책 임		무 책 임

재미있는 속담 익히기

친구는 옛 친구가 좋고 옷은 새 옷이 좋다

'친구는 옛 친구가 좋고 옷은 새 옷이 좋다'라는 말은 옷과 같은 물건은 오래 되면 낡고 해지지만 친구는 오래 사귈수록 서로를 더 깊이 이해할 수 있다는 뜻이에요.

친구야, 이거 먹어.

친구야, 이거 가져.

이 속담은 사람들과 오래도록 좋은 관계로 지내는 것이 중요하다는 것을 알려 주는 속담입니다.

속담을 따라 써 봅니다.

친	구	는		옛		친	구	가		좋	고	
옷	은		새			옷	이		좋	다		

2주차

4회

예술 | 문화

생각한 것을 마음껏 디자인해 봐요.

디자인이 뭐예요?

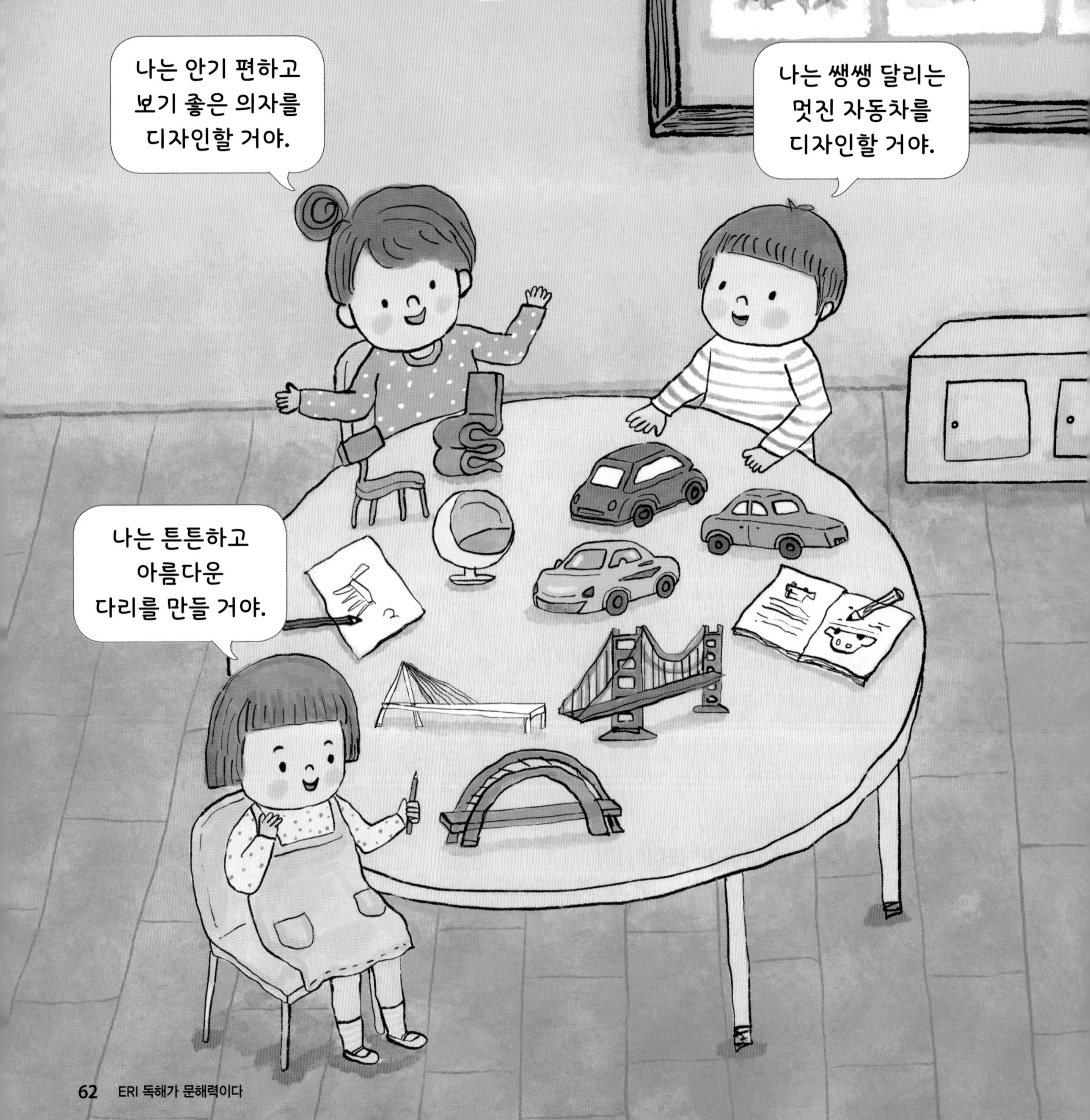

그림으로 배우는 어휘

흐리게 쓴 글자는 따라 쓰세요.

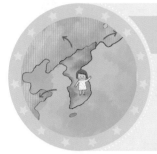

외국

외 국   외 국   외 국

자기 나라가 아닌 다른 나라.

(예) 우리나라에도 외국 사람들이 많이 살고 있어.

다른 나라 사람을 **외국인**이라고 하지.

패션

패 션   패 션   패 션

유행하는 옷차림.

(예) 우리 이모는 유명한 패션 디자이너야.

새로운 옷을 입고 사람들에게 보이는 건 **패션쇼**라고 해.

건축

건 축   건 축   건 축

집이나 시설을 짓거나 만드는 일.

(예) 새로운 다리를 짓는 건축 공사가 한창이야.

건축에 관한 일을 하는 사람이 **건축가**야.

알고 있니? 동물을 보고 디자인 했어요

이모, 이모가 하는 디자이너는 어떤 일을 해요?

네가 쓰는 가방이나 지우개, 책상을 어떤 모양으로 만들지 계획하는 일을 하지.

동물의 모양을 보고 만든 물건들을 볼까? 물속을 다니는 잠수함을 잘 봐.

와-

바다의 고래처럼 생겼어요!

딱정벌레를 닮은 자동차도 있지?

스으윽

정말 닮았어요!

이모, 옷에 그림을 그려서 예쁘게 만들었어요.

그런 것도 디자인이야. 멋진 옷을 만드는 디자이너가 될 것 같은데?

짠-

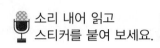
소리 내어 읽고
스티커를 붙여 보세요.

잘 듣고
읽어 보세요.

디자인이 뭐예요?

우리는 살면서 디자인이라는 말을 자주 씁니다. 자주 듣기도 하고요. 디자인이란 무엇일까요?

'디자인'은 외국에서 들어온 말이에요. '계획하다'라는 뜻을 가지고 있지요. 디자인은 우리의 생활을 좀 더 편리하고 아름답게 만들기 위해 계획하는 일 모두를 말해요. 다시 말하면 우리 생활 속에서 필요한 물건을 의미 있고 보기 좋게 만드는 것이라고 할 수 있지요.

여러분이 옷을 사러 간 상황을 떠올려 보세요. 먼저 예쁘고 멋진 옷을 고르려고 할 거예요. 그래서 색깔과 옷 모양을 보겠죠? 그런 다음에 입어 보기도 해요. 입었을 때 편안해야 하니까요. 이렇게 멋지고 편안한 옷을 만드는 것들이 모두 디자인과 관련이 되어 있어요.

디자인은 우리 주변 어디에나 있어요. 우리가 입고 있는 옷뿐만 아니라 늘 마시는 물이 든 물컵, 앉아 있는 의자 모두 디자인이 들어가 있어요.

디자인에는 여러 분야가 있습니다. 그중에서 패션 디자인은 옷이나 신발 등을 디자인하는 것을 말해요. 집이나 다리 같은 것을 디자인하는 것은 건축 디자인이라고 하지요.

여러분 중에 디자이너가 되는 것이 ㉠꿈인 친구가 있다면, 우리 생활 곳곳에 있는 디자인들을 잘 살펴보길 바랄게요.

 **글의 내용 이해하기**

1 이 글은 주로 무엇에 대해 이야기하고 있는지 쓰세요.

 **글의 내용 이해하기**

2 이 글의 내용으로 알맞지 <u>않은</u> 것은 무엇입니까? (   )

① 디자인은 우리의 생활을 편리하게 해 줍니다.

② 디자인은 '계획하다'라는 뜻을 가지고 있습니다.

③ 디자인은 우리 주변 곳곳에서 찾아볼 수 있습니다.

④ 디자인은 값이 싼 물건을 많이 살 수 있도록 도와줍니다.

⑤ 디자인은 우리에게 필요한 물건을 보기 좋게 만드는 것입니다.

글의 내용 적용하기

3 친구들이 궁금해하는 것 중, 이 글을 읽고 알 수 있는 내용에 모두 ○표 하세요.

(1) 디자인을 처음 발견한 사람은 누구일까?

(   )

(2) 디자인이란 말의 뜻은 무엇일까?

(   )

(3) 디자인에는 어떤 분야가 있을까?

(   )

낱말 뜻 **이해하기**

4 밑줄 친 '말'이 ㉠'꿈'과 같은 뜻으로 쓰인 문장에 ○표 하세요.

(1) 지난 밤에 도깨비가 나타나 쫓아오는 <u>꿈</u>을 꾸다 놀라 깼어.   (   )

(2) 나의 <u>꿈</u>은 아픈 동물들을 치료해 주는 수의사가 되는 거야.   (   )

배경지식 활용하여 **추론하기**

5 다음은 누가 하는 일인지 알맞게 줄(—)로 이으세요.

(1) 옷이나 신발을 디자인 합니다.   •   • 건축 디자이너

(2) 집이나 다리 같은 것을 디자인합니다.   •   • 패션 디자이너

배경지식 활용하여 **활동하기**

6 스티커 다음 물건의 이름을 쓰고, 어떤 동물을 닮은 디자인인지 스티커에서 찾아 붙여 보세요.

외래어

'디자인'처럼 다른 나라에서 들어와 우리말처럼 쓰이는 낱말을 알아보고 바르게 따라 써 봅니다.

| 주스 ◎ | 쥬스 ✕ | → | 주 스 | 주 스 |

| 게임 ◎ | 깨임 ✕ | → | 게 임 | 게 임 |

| 커튼 ◎ | 커텐 ✕ | → | 커 튼 | 커 튼 |

| 케이크 ◎ | 케잌 ✕ | → | 케 이 크 | 케 이 크 |

| 초콜릿 ◎ | 쵸코렛 ✕ | → | 초 콜 릿 | 초 콜 릿 |

한자어

한자어를 소리 내어 읽고 따라 써 봅니다.

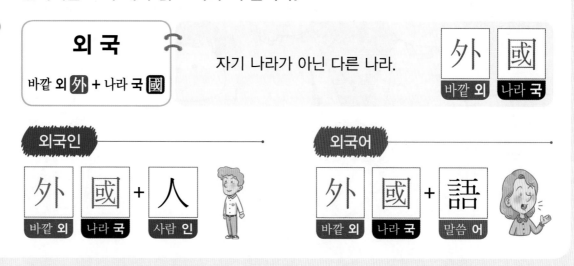

외국

바깥 외 外 + 나라 국 國

자기 나라가 아닌 다른 나라.

外 國
바깥 외   나라 국

외국인

外 國 + 人
바깥 외   나라 국   사람 인

외국어

外 國 + 語
바깥 외   나라 국   말씀 어

반짝이는 별 중에 내 별도 있을까?

별은 왜 반짝반짝 빛날까?

하늘의 별이
엄청 많아요.

별똥별이
떨어진다.

얼른 소원을
빌어야지.

상상

상 상　상 상　상 상

실제가 아니라 마음속으로 떠올려 보는 것.

예 미래의 네 모습을 상상해 봐!

상상과 비슷한 말은 공상이야.

별자리

별 자 리　별 자 리

별의 위치를 정하기 위하여 별을 몇 개씩 묶고 이름 붙인 것.

예 재미있는 별자리 이야기가 많아.

큰곰자리, 오리온자리 같은 게 별자리야.

장마

장 마　장 마　장 마

주로 여름철에 여러 날 동안 비가 내리는 것.

예 올해도 여름에 장마가 온대!

장마가 내리는 시기를 장마철이라고 해.

알고 있니?　계절마다 보이는 대표 별자리

밤하늘에는 수많은 별들이 있어요. 사람들은 별의 위치를 쉽게 찾아보기 위해 별을 여러 개씩 묶어 동물이나 신화 속 사람들의 이름을 붙였는데, 이것을 별자리라고 해요.

봄에 볼 수 있는 별자리에는 큰곰자리, 작은곰자리 등이 있어요. 여름에 볼 수 있는 별자리에는 백조자리, 전갈자리 등이 있어요. 가을에 볼 수 있는 별자리에는 염소자리, 물병자리가 있고요. 겨울에 볼 수 있는 별자리에는 큰개자리, 황소자리 등이 있어요.

밤하늘의 별을 보며 별자리를 찾아보세요.

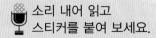
소리 내어 읽고
스티커를 붙여 보세요.

잘 듣고
읽어 보세요.

별은 왜 반짝반짝 빛날까?

옛날 사람들에게 밤하늘의 빛나는 별은 신비한 것이었어요. 별이 왜 반짝이는지 알지 못했거든요. 별이 반짝이는 것은 사람들에게 무언가 신호를 보내는 것이라고 생각했답니다. 동물이나 사람이 죽으면 하늘의 별이 된다는 상상도 했어요. 그래서 별자리 이름과 함께 재미있는 별자리 이야기가 많이 만들어졌어요.

과학자들은 왜 별이 반짝이는지 오랫동안 연구했어요. 그래서 그 이유를 찾아냈어요. 별이 반짝이는 것은 지구의 대기가 움직이기 때문이에요. 대기란 지구 주위를 둘러싸고 있는 공기를 말해요. 대기가 움직이니까 별빛도 흔들려서 반짝이는 것처럼 보이는 것이에요. 공기는 항상 움직이기 때문에 별빛도 항상 반짝거리는 것이지요.

별이 왜 반짝반짝 빛나는지 이제 알겠지요?

이렇게 ㉠아름답게 반짝반짝 빛나는 별은 장마가 막 그친 여름밤에 잘 볼 수 있답니다. 장마가 막 그친 여름밤은 공기 중에 있던 먼지가 씻겨서 깨끗해졌기 때문이지요. 공기가 깨끗하면 반짝반짝 빛나는 밤하늘의 별을 자주 볼 수 있어요.

 글의 내용 이해하기

1 이 글의 내용으로 알맞지 <u>않은</u> 것은 무엇입니까? (   )

① 과학자들은 별자리의 이름을 지어 주었습니다.

② 과학자들은 별이 빛나는 이유를 찾아냈습니다.

③ 장마가 막 그친 여름밤에는 별이 더 잘 보입니다.

④ 별이 빛나는 이유를 옛날 사람들은 알지 못했습니다.

⑤ 옛날 사람들은 별을 보며 여러 가지 상상을 했습니다.

세부 내용 이해하기

2 옛날 사람들은 동물이나 사람이 죽으면 무엇이 된다고 상상했는지 쓰세요.

세부 내용 이해하기

3 과학자들이 찾아낸 내용에 맞게 빈칸에 들어갈 알맞은 말을 쓰세요.

> 별이 반짝이는 것은 지구의 공기인 [　　　]이/가 항상 움직이니까 별빛
>
> 도 흔들려서 반짝이는 것처럼 보이는 것입니다.

4 ㉠의 이유로 알맞은 것은 무엇입니까? (   )

① 비가 오고 시원해졌기 때문에

② 여름이라 날씨가 덥기 때문에

③ 사람들이 밤에 활동하기 좋기 때문에

④ 먼지가 씻겨서 공기가 깨끗해졌기 때문에

⑤ 여름과 관련 있는 별자리 이야기가 많기 때문에

낱말 뜻 이해하기

5 밤하늘의 별이 빛나는 모양을 나타내는 말은 무엇인지 이 글에서 찾아 쓰세요.

글의 내용 적용하기

6 반짝이는 별을 잘 보기 위해 세운 계획을 바르게 말한 친구에 ○표 하세요.

(1)
별자리에 대한 이야기를 많이 찾아볼 거야.

(   )

(2)
별이 지구에서 얼마나 떨어져 있는지 자세히 조사해야겠어.

(   )

(3)
공기를 깨끗하게 하는 방법을 알아보고 실천해야겠어.

(   )

흐리게 쓴 글자는 따라 쓰세요.

잘못 쓰기 쉬운 말

낱말을 쓸 때 잘못 쓰기 쉬운 낱말이 있습니다. 바르게 쓴 낱말을 잘 보고 따라 써 봅니다.

별빛 ◎	별빛 ✕	→	별	빛	별	빛
빛나는 ◎	빈나는 ✕	→	빛	나	는	빛	나	는
씻겨서 ◎	씼겨서 ✕	→	씻	겨	서	씻	겨	서
반짝이는 ◎	반짜기는 ✕	→	반	짝	이	는	반	짝	이	는
오랫동안 ◎	오래동안 ✕	→	오	랫	동	안	오	랫	동	안

재미있는 우리말 익히기

다음 말을 따라 써 봅니다.

눈앞에 별이 보여!

불이 번쩍한 거 같아.

별이 보인다

'오늘 밤은 구름이 없어서 별이 잘 보인다.'에서 처럼 정말 밤하늘의 별이 잘 보이는 상황을 말하기도 하지만, '경아가 엉덩방아를 찧고는 별이 보인다면서 엉엉 울었다.'에서처럼 충격을 받아서 갑자기 정신이 아득하고 어지러운 상태도 '별이 보인다'라고 합니다.

| 별 | 이 | | 보 | 인 | 다 | 별 | 이 | | 보 | 인 | 다 |

3주차

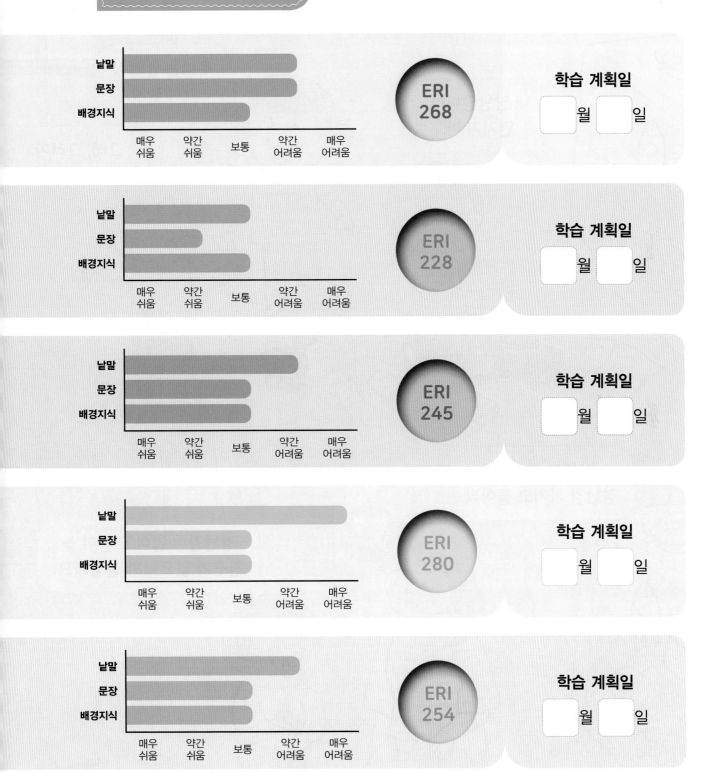

낱말
문장
배경지식

매우
쉬움 | 약간
쉬움 | 보통 | 약간
어려움 | 매우
어려움

ERI
268

학습 계획일

월   일

낱말
문장
배경지식

매우
쉬움 | 약간
쉬움 | 보통 | 약간
어려움 | 매우
어려움

ERI
228

학습 계획일

월   일

낱말
문장
배경지식

매우
쉬움 | 약간
쉬움 | 보통 | 약간
어려움 | 매우
어려움

ERI
245

학습 계획일

월   일

낱말
문장
배경지식

매우
쉬움 | 약간
쉬움 | 보통 | 약간
어려움 | 매우
어려움

ERI
280

학습 계획일

월   일

낱말
문장
배경지식

매우
쉬움 | 약간
쉬움 | 보통 | 약간
어려움 | 매우
어려움

ERI
254

학습 계획일

월   일

마음을 열고 함께하면 즐거워요.

자기만 알던 거인

거인

거 인   거 인   거 인

키와 몸이 아주 큰 사람.
예) 키가 2미터도 넘는 거인이야.

거인들이 사는
동화 속의 나라는
거인국이야.

정원

정 원   정 원   정 원

집 안에 있는 뜰이나 꽃밭.
예) 정원에 꽃이 가득 피었구나!

정원을
꽃밭이라고도 해.

천국

천 국   천 국   천 국

하늘에 있다고 믿어지는 걱정 없고 행복한 곳.
예) 이곳은 어린이들에게 천국이야!

비슷한 말은
천당이야.

알고 있니?   정원에 무엇이 있으면 좋을까?

할머니 댁에는 작은 마당이 있어요.
우리 이곳에 작은 정원을 만들어 볼까?
네, 작은 연못도 만들고 싶어요.

먼저 여기에 꽃을 심어 보자.
할머니, 저는 여기에 연못을 만들게요.
스윽
탁 탁

할머니, 저기에 새들이 쉴 수 있는 새집이 있으면 좋겠어요.
새집은 아빠가 만들어 줄게.

아주 예쁜 정원이 만들어졌구나.
아빠, 연못에 물고기도 있어요.
장난감 물고기는 언제 갖다 넣었니?
호 호

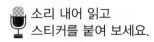 소리 내어 읽고
스티커를 붙여 보세요.

 잘 듣고
읽어 보세요.

자기만 알던 거인

알록달록 예쁜 꽃들과 탐스러운 과일나무들로 가득 찬 정원이 있어요. 꽃잎에 내려앉는 벌과 나비들, 나무를 오가며 노래하는 예쁜 새들, 세상에서 이보다 더 아름다운 정원은 없을 거예요. 동네 아이들은 주인이 없을 때 이곳으로 놀러 왔어요. 동네 아이들에게도 이곳은 천국이었거든요. 얼마나 즐거운지 아이들의 웃음소리가 끊이지 않았어요.

평화롭고 행복한 정원에 주인이 돌아왔어요. 주인은 키와 몸집이 매우 커서 거인이라고 불렸어요. 거인은 아이들을 몹시 싫어했답니다. 거인은 '아무도 들어오지 마시오.'라고 쓴 팻말을 붙이고는 정원의 문을 굳게 닫아 버렸어요.

그러자 그 후로 정원의 아름다운 꽃과 탐스러운 나무들이 시들기 시작했어요. 예쁜 나비도 춤을 추지 않았고, 새들은 노래하지 않았지요. 거인도 하루하루 늙어 갔어요. 머리카락과 수염은 하얗게 변해 갔지요.

그러던 어느 날, ㉠찬바람만 가득했던 정원에 따스한 햇살이 비쳤어요. 새들의 노랫소리도 다시 들려왔어요. 무슨 일인지 몰라 거인이 나가 보니 아주 작은 아이가 정원에 서 있었어요. 담 밑에 난 작은 구멍으로 들어왔던 거예요. 거인은 무서워 울려고 하는 아이를 번쩍 들어 올렸어요. 그리고 나무 위에 올려 주었지요. 닫혔던 문도 활짝 열고 동네 아이들에게 말했어요.

"이 정원은 이제부터 너희들의 것이야. 마음껏 들어와서 놀거라."

글의 내용 이해하기

1 이 글의 내용으로 알맞지 <u>않은</u> 것은 무엇입니까? (   )

① 정원의 주인은 거인입니다.

② 정원에는 예쁜 꽃과 과일나무가 있었습니다.

③ 정원에는 벌과 나비와 예쁜 새들이 있었습니다.

④ 예전에는 아이들이 주인과 함께 정원에서 뛰어놀았습니다.

⑤ 아이들의 웃음소리가 사라진 후 정원의 꽃과 나무들은 시들었습니다.

세부 내용 이해하기

2 정원의 아름다운 꽃과 나무들이 시들기 시작한 까닭은 무엇입니까? (   )

① 아이들이 너무 시끄럽게 떠들었기 때문입니다.

② 아이들이 더 이상 찾아오지 않았기 때문입니다.

③ 나비와 벌들이 너무 많이 찾아왔기 때문입니다.

④ 거인이 꽃과 나뭇잎을 모두 따 버렸기 때문입니다.

⑤ 새들이 날아다니지는 않고 나무에만 앉아 있었기 때문입니다.

글의 내용 적용하기

3 이 글을 읽은 후 거인에 대해 친구들이 이야기를 나누었습니다. 알맞은 것에 모두
○표 하세요.

(1) 거인은 처음에는
아이들을 매우
싫어했어.

(   )

(2) 거인은 작은 아이에게
겁을 줘서 정원에
들어오게 했어.

(   )

(3) 텅 빈 정원을 보고
늙어 가던 거인은
쓸쓸했을 거야.

(   )

4 ㉠에서 '찬바람만 가득했던 정원'이 '따스한 햇살이 비치는 정원'으로 바뀐 까닭은 무엇입니까? (   )

① 꽃들이 시들어서
② 거인이 정원에 나와서
③ 새들이 다른 곳으로 날아가서
④ 작은 아이가 정원에 들어와서
⑤ 거인이 아이를 들어올려 주어서

5 다음 글은 거인의 어떤 행동과 어울리겠습니까? 알맞은 행동에 ○표 하세요.

> 거인은 정원으로 들어온 아이를 번쩍 들어 나무 위에 올려 주었어요.
> 그리고 말했어요.
> "이 정원은 이제부터 너희들의 것이야. 마음껏 들어와서 놀거라."

(1) 문을 굳게 닫아 버렸어요.   (   )
(2) 닫혔던 문을 활짝 열었어요.   (   )

6 곰이 토끼에게 해 준 말은 무엇일지 써 보세요.

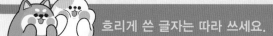 

어휘 살찌우기

우리말에는 '무엇이 어떠하다'라고 상태나 성질을 나타내는 낱말이 있습니다. 쓰이는 자리에 따라 모양이 어떻게 변하는지 알아보고 따라 써 봅니다.

꽃	이		예	쁘	다	
예	쁜		꽃			

놀	이	가		즐	겁	다
즐	거	운		놀	이	

마	을	이		평	화	롭	다
평	화	로	운		마	을	

사	과	가		탐	스	럽	다
탐	스	러	운		사	과	

한자어

한자어를 소리 내어 읽고 따라 써 봅니다.

거 인

클 거 巨 + 사람 인 人

보통 사람보다 몸이 아주 큰 사람.

클 거   사람 인

거인국

巨 人 + 國
클 거 사람 인 나라 국

거대

巨 + 大
클 거 큰 대

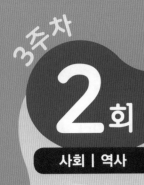

더워지는 지구를 살려 주세요!

나라가 가라앉고 있어요!

환경 오염 때문에 지구가 더워지고 있대.

그래서 북극의 빙하가 녹고 있어.

어떡하지. 너무 멀리 떠내려왔어.

빙하가 계속 녹으면 땅이 물속에 잠길거야.

그림으로 배우는 어휘

흐리게 쓴 글자는 따라 쓰세요.

얼음

얼음　얼음　얼음

물이 얼어 굳어진 것.

예 얼음을 넣은 물이 시원해.

얼음이 넓게 얼어붙은 곳을 얼음판이라고 해.

가스

가스　가스　가스

기체로 된 것을 통틀어 말함.

예 나쁜 가스는 몸에 좋지 않다.

사람에게 해를 끼치는 가스는 유독 가스야.

이사

이사　이사　이사

사는 곳을 다른 곳으로 옮기는 것.

예 우리는 내일 새집으로 이사를 가.

이사할 때 옮기는 가구나 물건을 이삿짐이라고 해.

알고 있니? 우리가 사는 아름다운 지구를 지켜요

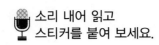
소리 내어 읽고
스티커를 붙여 보세요.

잘 듣고
읽어 보세요.

나라가 가라앉고 있어요!

지구에 있는 추운 지방의 얼음이 녹고 있어요.

왜 그럴까요? 지구가 따뜻해졌기 때문이에요. 우리가 사용하는 냉장고나 에어컨, 자동차 등에서 나오는 가스가 지구를 따뜻하게 하고 있어요.

추운 지방의 얼음이 녹으면 무슨 일이 벌어질까요? 바닷물이 많아져서 바다의 높이가 높아지게 돼요. 그러면서 바닷속으로 가라앉는 나라도 생겼어요. 바로 투발루라는 나라예요.

"살아남으려면 땅이 바다보다 높은 섬으로 옮겨 가야 해."

"어! 벌써 옆에 있던 섬이 물에 잠겼어."

"옮겨 갈 수 있는 섬이 모두 없어질까 봐 무서워."

투발루 나라 사람들은 살던 땅을 버리고 부랴부랴 이사를 했어요. 투발루는 아홉 개의 섬 중 두 개의 섬이 가라앉았어요. 지금 이 시간에도 바닷물의 높이는 계속 높아지고 있어요. 그래서 투발루는 점점 바닷속으로 가라앉고 있어요.

 글의 내용 이해하기

① 이 글을 읽고 일이 일어난 순서대로 번호를 쓰세요.

지구가 따뜻해졌습니다.

바닷물의 높이가 높아졌습니다.

추운 지방의 얼음이 녹았습니다.

섬이 가라앉았습니다.

낱말 뜻 이해하기

② 빈칸에 들어갈 알맞은 말을 이 글에서 찾아 쓰세요.

섬들이 가라앉자 사람들은 살던 땅을 버리고 ☐☐ 을/를 했습니다.

전체 내용 구성하기

③ 마인드맵
이 글의 내용을 정리한 마인드맵입니다. 빈칸에 들어갈 알맞은 말을 쓰세요.

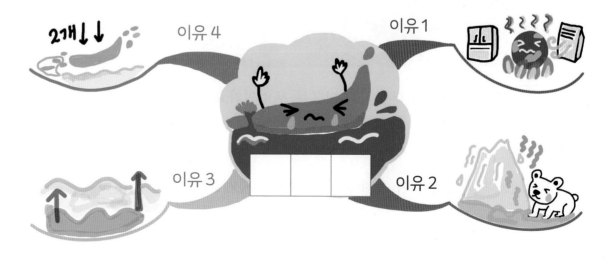

2개↓↓ 이유 4   이유 1

이유 3   이유 2

4 투발루는 결국 어떻게 되었는지 알맞은 것에 〇표 하세요.

(1) 지금도 계속 바닷속으로 점점 가라앉고 있습니다. ( )

(2) 섬을 높게 만드는 큰 공사를 해서 더 이상 걱정 없습니다. ( )

(3) 바다보다 높아서 안전한 남은 7개의 섬에 모여 살고 있습니다. ( )

5 빈칸에 들어갈 알맞은 말을 이 글에서 찾아 쓰세요.

아빠는 기차 타는 시간에 늦을까 봐 ☐☐☐☐ 달려가셨어요.

6 그림을 보고, 다음 질문에 대한 '나'의 생각을 써 보세요.

(1) 지구가 점점 더워지는 이유는 무엇인가요?

_____

(2) 북극의 얼음이 녹지 않게 하려면 어떻게 하면 좋을까요?

_____

잘못 쓰기 쉬운 말

낱말을 쓸 때 잘못 쓰기 쉬운 낱말이 있습니다. 바르게 쓴 낱말을 잘 보고 따라 써 봅니다.

| 얼음 ◎ | 어름 ✕ | → | 얼 | 음 | 얼 | 음 |

| 가스 ◎ | 까스 ✕ | → | 가 | 스 | 가 | 스 |

| 벌써 ◎ | 벌서 ✕ | → | 벌 | 써 | 벌 | 써 |

| 가라앉다 ◎ | 가라안따 ✕ | → | 가 | 라 | 앉 | 다 | 가 | 라 | 앉 | 다 |

한자어

한자어를 소리 내어 읽고 따라 써 봅니다.

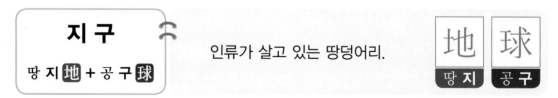

지구
땅 지 地 + 공 구 球

인류가 살고 있는 땅덩어리.

地 球
땅 지   공 구

지구촌

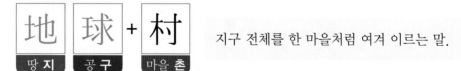

地 球 + 村
땅 지 공 구   마을 촌

지구 전체를 한 마을처럼 여겨 이르는 말.

지구본

地 球 + 本
땅 지 공 구   근본 본

지구를 본떠 만든 모형. 지구의.

예쁜 무지개는 어떻게 만들어질까?

무지개가 떴어요

응, 오늘은 더 멋지다.

햇님아! 우리가 만든 무지개 예쁘지?

이 꽃 참 예쁘네!

무지개색을 가진 꽃이야.

축구

축 구　축 구　축 구

공을 발로 차서 골에 공을 많이 넣으면 이기는
경기.

예 친구들과 운동장에서 축구를 했다.

축구를 할 때 쓰는
공이 축구공이야.

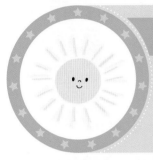

햇빛

햇 빛　햇 빛　햇 빛

해의 빛.

예 우리 집은 햇빛이 잘 들어와서 밝아.

해의 따뜻한 기운은
햇볕이라고 해.

무지개

무 지 개　무 지 개

비가 그친 뒤 해의 반대쪽에 나타나는
반원 모양의 일곱 빛깔의 줄.

예 비가 온 뒤 무지개가 떴다.

한꺼번에 무지개가 두 개
생기면 쌍무지개라고 해.

알고 있니?　우리도 무지개를 만들 수 있어

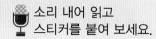
소리 내어 읽고
스티커를 붙여 보세요.

잘 듣고
읽어 보세요.

무지개가 떴어요

오늘은 친구들과 축구를 하기로 한 날이에요. 그런데 아침부터 비가 오고 있어요. 하늘에는 구름이 가득해요.

㉠나는 속상해서 눈을 꼭 감았어요. 비가 오는 것을 보고 싶지 않았거든요. 그러다가 깜박 잠이 들어 버렸어요.

"민수야, 일어나. 창밖을 봐."

나는 엄마 목소리에 잠이 깼어요. 눈을 비비고 일어나 창밖을 봤어요. 어느새 비가 뚝 그쳤어요.

구름은 물러가고 파란 하늘이 보였어요. 햇빛이 내려오고 있었어요. 그리고 둥그런 무지개가 떠 있었어요.

"엄마, 무지개가 떴어요!"

무지개는 '빨강·주황·노랑·초록·파랑·남색·보라' 이렇게 일곱 가지 색이었어요.

"엄마, 무지개는 왜 비가 온 다음에만 뜰까요?"

"비가 온 다음에 하늘엔 아직 작은 빗방울들이 남아 있기 때문이야. 햇빛이 공기에 떠 있는 이 작은 빗방울들을 지나가면서 일곱 가지 색으로 나누어지지."

"우와! 빗방울이 무지개를 만들다니 참 신기해요."

"그렇지?"

"엄마, 저 축구하러 나갈래요."

㉡나는 기분이 좋아졌어요.

글의 내용 이해하기

1 이 글의 내용으로 알맞지 <u>않은</u> 것은 무엇입니까? (   )

① 어제 저녁부터 비가 오고 있었습니다.

② 잠을 자고 일어나니 비가 그쳤습니다.

③ 비가 그치고 둥그런 무지개가 떴습니다.

④ 구름이 물러가자 파란 하늘이 보였습니다.

⑤ 오늘 나는 친구들과 축구를 하기로 했습니다.

글의 내용 적용하기

2 이 글에 나타난 무지개에 대해 바르게 말한 친구에 모두 ○표 하세요.

(1) 무지개는 둥그런 모양이야.

(   )

(2) 무지개는 일곱 가지 색으로 보여.

(   )

(3) 무지개는 비가 오기 직전에 가장 잘 보여.

(   )

세부 내용 이해하기

3 ㉠에서 내가 속상해한 까닭은 무엇입니까? (   )

① 늦잠을 잤기 때문입니다.

② 엄마께 꾸중을 들었기 때문입니다.

③ 아무도 잠을 깨우지 않았기 때문입니다.

④ 친구들과 축구를 하다 싸웠기 때문입니다.

⑤ 친구들과 축구를 하기로 했는데 비가 왔기 때문입니다.

4 ⓛ에서 '나'가 기분이 좋아진 까닭은 무엇입니까? (   )

① 비가 와서 시원해졌기 때문입니다.

② 엄마에게 칭찬을 들었기 때문입니다.

③ 꿈속에서 친구들과 신나게 놀았기 때문입니다.

④ 비가 운동장의 먼지를 없애 주었기 때문입니다.

⑤ 비가 그쳐서 축구를 하러 갈 수 있기 때문입니다.

낱말 뜻 이해하기

5 다음 중 빈칸에 '축구'가 들어가면 <u>어색한</u> 말은 무엇입니까? (   )

① □□공

② □□ 경기

③ □□ 선수

④ □□ 심판

⑤ □□ 방망이

낱말 뜻 이해하기

6 빈칸에 들어갈 알맞은 말을 보기 에서 찾아 쓰세요.

보기   • 햇빛   • 햇볕

(1) 나는 [   ][   ]이 너무 강해서 눈을 뜰 수 없었습니다.

(2) 따사로운 [   ][   ] 아래 있어서 얼었던 몸이 다 녹았습니다.

어휘 살찌우기

우리말에는 글자는 같은데 뜻이 다른 낱말이 있습니다. '비'의 정확한 뜻을 알아 보고 따라 써 봅니다.

| 비 | | 하늘에서 내리는 물방울. |

| 비 | 가 | | 내 | 려 | 요 | . |

| 비 | | 먼지나 쓰레기를 쓰는 청소 도구. |

| 비 | 로 | | 쓸 | 어 | 요 | . |

| 비 | | 기념하려고 세워 놓은 큰 돌. |

| 비 | 를 | | 세 | 워 | 요 | . |

재미있는 속담 익히기

비 온 뒤에 땅이 굳어진다

'비 온 뒤에 땅이 굳어진다'라는 말은 비가 와서 질척거리던 흙도 시간이 지나면 마르면서 단단하게 굳어진다는 뜻이에요.

사람도 힘든 일을 겪고 나면 마음이 더 단단해지고 강해진다는 뜻이지요. 어려움을 이겨 낸 사람을 격려할 때 쓰는 말입니다.

이제 이런 동작도 할 수 있어.

지난번에 한 실수가 너를 더 멋지게 만들었구나!

속담을 따라 써 봅니다.

| 비 | | 온 | | 뒤 | 에 | | 땅 | 이 | | 굳 | 어 | 진 | 다 |

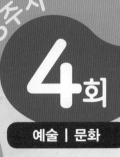

우리도 활쏘기를 해 볼까요?

활쏘기는
언제부터 시작되었을까요?

활에 화살을 끼우고 힘껏 당겨 보자.

활이 잘 당겨지지 않아요.

제 화살은 바로 앞에 떨어졌어요.

저 통에 화살을 던지는 시합하자.

내가 먼저 던질게.

활

활 활 활

화살을 끼워서 쏘는 도구.

㉠ 활을 당겨서 화살을 쏘았어.

활을 쏘는 것을
활쏘기라고 해.

무기

무 기 무 기 무 기

전쟁이나 싸움에 사용되는 기구.

㉠ 군인은 무기를 잘 다루어야 해.

핵을 이용한
무기가 **핵무기**야.

과녁

과 녁 과 녁 과 녁

활이나 총 따위를 쏠 때 표적으로 만들어
놓은 물건.

㉠ 화살이 과녁을 맞혔다.

표적은 목표로 삼는
물건이라는 뜻이야.

 알고 있니?   재미있는 양궁 이야기

양궁은 활로 화살을 쏘아 일정한 거리에 떨어져 있는 과녁에 맞히는 경기예요. 과녁에 활을 쏘아 높은 점수를 얻는 사람이 우승을 하는 거지요.

올림픽 양궁 경기에서 과녁 한가운데 있는 카메라에 화살을 맞혀 카메라를 깨뜨린 일도 있어요. 그런데 과녁 한 가운데를 정확하게 맞히는 것보다 더 어려운 것이 있어요. 바로 과녁에 꽂힌 화살에 다른 화살이 날라와 맞히는 거예요. 이것을 '로빈후드의 화살'이라고 하는데요. 영화 〈로빈후드〉에서 이런 장면이 나와서 '로빈후드의 화살'이라는 이름이 붙여진 거래요.

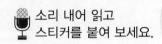
소리 내어 읽고
스티커를 붙여 보세요.

잘 듣고
읽어 보세요.

활쏘기는 언제부터 시작되었을까요?

옛날 사람들은 활로 동물을 '사냥'했어요. 그래서 활을 잘 쏘아야 했지요.

활은 전쟁이 일어나면 무기가 되었어요. 활을 잘 쏘아 적을 물리치면 높은 자리에 오를 수 있었지요. 나라에서는 활쏘기 대회를 열어 활을 잘 쏘는 사람을 뽑기도 했어요.

그래서 사람들은 어릴 때부터 활쏘기를 배웠어요. 어릴 때는 나무로 만든 장난감 활로 연습을 했어요. 활을 다루는 자세와 방법을 가르치던 학교도 있었대요.

활을 잘 쏘기 위해서는 어떻게 했을까요?

먼저 활을 쏘는 자세를 익혔어요. 자세를 바르게 해야 목표물을 정확히 맞힐 수 있기 때문이에요. 우리나라에서는 특히 활을 쏠 때의 태도와 마음가짐을 강조했어요. 그래서 우리나라 사람들이 활을 잘 다루나 봐요.

이처럼 활을 쏘아 맞히는 운동이 활쏘기예요. 올림픽에도 활을 다루는 운동이 있어요. 과녁 한가운데에 화살을 많이 꽂아 넣으면 이기지요.

올림픽이 열리면 우리나라 선수들의 활쏘기 경기를 꼭 보고 싶어요.

1 이 글에서 알 수 있는 내용으로 알맞지 <u>않은</u> 것은 무엇입니까? (   )

① 옛날 사람들은 활로 사냥을 하였습니다.

② 활쏘기는 화살을 과녁에 꽂아 넣는 경기입니다.

③ 옛날에는 활쏘기를 가르치던 학교가 있었습니다.

④ 옛날에는 활을 잘 쏘면 높은 자리에 오를 수 있었습니다.

⑤ 옛날 사람들은 어린아이들에게는 활쏘기를 가르치지 않았습니다.

세부 내용 이해하기

2 빈칸에 들어갈 알맞은 말을 이 글에서 찾아 쓰세요.

> • 옛날 사람들은 평상시에는 활을 사냥하는 데 사용했습니다.
>
> • 옛날 사람들은 전쟁이 나면 활을 ☐☐(으)로 사용하였습니다.

세부 내용 이해하기

3 옛날에 나라에서는 활을 잘 쏘는 사람을 뽑기 위하여 어떻게 하였습니까? (   )

① 활쏘기 대회를 열었습니다.

② 올림픽 대회를 열었습니다.

③ 활 만들기 대회를 열었습니다.

④ 활쏘기를 가르치는 학교를 세웠습니다.

⑤ 어린아이들을 모아 활쏘기 시험을 보게 하였습니다.

글의 내용 적용하기

4 '활'과 '화살'에 맞는 그림을 찾아 줄(−)로 이으세요.

(1) [활] ·

(2) [화살] ·

세부 내용 이해하기

5 우리나라에서 활쏘기를 할 때 특히 강조한 것 두 가지는 무엇무엇인지 쓰세요.

활을 쏠 때의 [　][　]와 [　][　][　][　]

배경지식 활용하여 추론하기

6 다음 글을 읽고 빈칸에 들어갈 알맞은 말에 ○표 하세요.

> 우리나라의 활쏘기는 역사가 길고 뛰어난 솜씨를 자랑했어요. 역사적인 인물 중에도 활을 잘 쏘는 것으로 유명한 사람이 많았어요. 고구려를 세운 동명성왕도 어릴 때부터 활을 무척 잘 쏘아서 주몽이라고 불렸답니다. '주몽'에는 [　　　　　　　　](이)라는 뜻이 담겨 있다고 합니다.

(1) 활을 잘 쏘는 사람　　　　　　　　　　　　　　　　　　(　　　)
(2) 활을 잘 만드는 사람　　　　　　　　　　　　　　　　　　(　　　)
(3) 활을 많이 가지고 있는 사람　　　　　　　　　　　　　　(　　　)

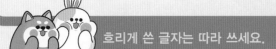

흐리게 쓴 글자는 따라 쓰세요.

어휘 살찌우기

옛날 사람들의 활동과 관련 있는 현대의 올림픽 경기 종목에 대하여 알아보고 따라 써 봅니다.

옛날 사람들의 활동		현대의 올림픽 경기 종목		
활 쏘 기	→	양 궁 경 기		
말 타 기	→	승 마 경 기		
칼 싸 움	→	펜 싱 경 기		
달 리 기	→	육 상 경 기		
총 쏘 기	→	사 격 경 기		

한자어

한자어를 소리 내어 읽고 따라 써 봅니다.

백발백중

일백 백 百 + 쏠 발 發 +
일백 백 百 + 가운데 중 中

백 번 쏘아 백 번 맞힌다. 하는 일마다 실패 없이 잘되는 것을 비유한 말.

百 發
일백 **백**   쏠 **발**

百 中
일백 **백**   가운데 **중**

백일

百 日
일백 **백**   날 **일**

아이가 태어난 지 백 일째 되는 날.

명중

命 中
명할 **명**   가운데 **중**

화살이나 총알이 겨냥한 곳에 정확히 맞음.

반짝이는 생각으로 발명을 해 봐요.

발명왕 에디슨은 질문왕

하늘을 날아서 학교에 가는 거야.

우리 같이 놀자.

그래. 공놀이하자.

내 말을 알아듣네.

가고 싶은 곳을 말만 하면 데려다주는 자전거야.

하늘을 나는 의자, 동물과 말할 수 있는 기계, 가고 싶은 곳을 말하면 데려다주는 자전거…….

우리가 만들어 볼까?

발명

발명　발명　발명

전에 없던 것을 새로 만들어 냄.

예 에디슨은 많은 발명을 했다.

발명을 하는 사람을
발명가라고 해.

전구

전구　전구　전구

전기의 힘으로 빛을 내어 밝게 비추는
동그란 모양의 기구.

예 크리스마스트리에 예쁜 전구를 달았다.

전구를 넣은 등을
전등이라고 해.

실험

실험　실험　실험

과학에서 연구나 조사를 위하여 실제로
해 보는 일.

예 실험실에서 여러 실험을 했어.

실험하는 방을
실험실이라고 해.

알고 있니?　발명왕 에디슨의 호기심

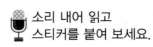 소리 내어 읽고
스티커를 붙여 보세요.

 잘 듣고
읽어 보세요.

발명왕 에디슨은 질문왕

해가 지면 어두워요. 캄캄해지면 아무것도 보이지 않아요. 하지만 어두운 밤이 되어도 걱정이 없어요. 전등을 켜면 낮처럼 밝게 지낼 수 있으니까요. 읽고 싶은 책도 읽고, 가족과 즐거운 대화도 할 수 있어요. 모든 것이 전구를 발명한 에디슨 덕분이지요.

에디슨의 별명*은 발명왕이에요.

어릴 때부터 에디슨은 질문이 많았어요. 학교에서도 마찬가지였어요.

수학 시간에 선생님이 "1+1=2"라고 하셨어요. 그러자 에디슨은 "물 한 방울 더하기 물 한 방울도 2인가요?"라고 질문했어요. 엉터리 같은 질문이라며 선생님은 몹시 화를 내셨어요. 그리고 에디슨에게 다시는 학교에 나오지 말라고 하셨어요.

학교에서 쫓겨난 에디슨은 혼자 힘으로 공부를 했어요. 또 에디슨은 궁금한 것이 있으면 그 답을 찾기 위해 여러 가지 실험을 했어요. 지금 우리가 사용하는 전구도 에디슨의 질문과 실험 덕분에 생긴 거예요.

'어떻게 하면 더 밝고 더 오래 쓸 수 있는 전구를 만들 수 있을까?'

이 질문에 대한 답을 찾기 위해 에디슨은 수천 번의 실험을 했어요. 만약 힘들다고 포기했다면 에디슨은 발명왕이 될 수 없었을 거예요.

*별명: 사람의 특징을 바탕으로 남들이 지어 부르는 이름.

1 에디슨에 대한 설명으로 알맞지 <u>않은</u> 것은 무엇입니까? (   )

① 에디슨은 전구를 발명했습니다.

② 에디슨은 어려서부터 질문이 많았습니다.

③ 에디슨은 실험이 성공할 때까지 포기하지 않았습니다.

④ 에디슨은 학교에서 선생님에게 칭찬을 많이 들었습니다.

⑤ 에디슨은 궁금한 것이 있으면 그 답을 찾기 위해 실험을 계속했습니다.

글의 내용 적용하기

2 이 글을 읽고 에디슨이 발명왕이 된 까닭을 바르게 말한 친구에 모두 ○표 하세요.

(1)
답을 찾기 위해 실험을 멈추지 않았기 때문이야.

(   )

(2)
궁금한 것에 대해서 질문을 자주 했기 때문이야.

(   )

(3)
실험을 하다가 실패하면 바로 포기하고 다른 실험을 했기 때문이야.

(   )

내용 이해하고 추론하기

3 이 글을 읽고, 다음과 같은 궁금증이 생겼을 때 더 알아볼 내용으로 알맞은 것은 무엇입니까? (   )

에디슨에게 발명왕이란 별명은 왜 붙었을까?

① 에디슨이 수학 공부를 어떻게 했는지 알아봅니다.

② 에디슨의 어렸을 때 별명은 무엇이었는지 알아봅니다.

③ 발명왕이 되려면 잠을 몇 시간 자야 하는지 알아봅니다.

④ 에디슨이 발명한 것들에는 무엇이 더 있는지 알아봅니다.

⑤ 에디슨이 학교에서 쫓겨날 때 어떤 기분이었는지 알아봅니다.

4 빈칸에 들어갈 알맞은 말을 이 글에서 찾아 차례로 쓰세요.

> 전에 없던 것을 새롭게 만들어 내는 것을 ☐☐(이)라고 합니다. 에디
>
> 슨은 이것을 매우 잘하여 ☐☐☐(이)라는 별명이 붙었습니다.

글의 내용 적용하기

5 이 글을 읽은 후 '전구'를 발명한 에디슨에게 감사의 말을 했습니다. 알맞은 것에 모두 ○표 하세요.

(1) 밤에도 재미있는 책을 읽을 수 있어요. 감사합니다.

(　　　　)

(2) 밤에도 길을 밝혀 주어 안전하게 다닐 수 있어요. 감사합니다.

(　　　　)

(3) 밤에 편안하게 잠들 수 있어요. 감사합니다.

(　　　　)

배경지식 활용하여 추론하기

6 에디슨의 다음 두 가지 행동을 보고 어떤 생각이 들었는지 써 보세요

병아리야, 언제 나오니?

봐요. 1+1=1 이잖아요.

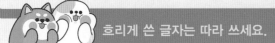

어휘
살찌우기

하루를 '낮'과 '밤' 둘로 나누어 관련 있는 낱말을 알아보고 따라 써 봅니다.

낮잠　낮에 자는 잠.

낮	잠

밤잠　밤에 자는 잠.

밤	잠

한낮　낮의 한가운데.

한	낮

한밤　깊은 밤.

한	밤

대낮　환하게 밝은 낮.

대	낮

한밤중　깊은 밤중.

한	밤	중

낮말　낮에 하는 말

낮	말

밤말　밤에 하는 말.

밤	말

재미있는
속담
익히기

낮말은 새가 듣고 밤말은 쥐가 듣는다

'낮말은 새가 듣고 밤말은 쥐가 듣는다'는 말은 아무리 몰래 한 말도 누군가 듣고 있어서 결국 다른 사람이 알게 된다는 뜻입니다. 그렇기 때문에 말을 할 때에는 주변에 듣는 사람이 없어도 언제 어디서나 항상 말 조심을 해야 한다는 뜻의 속담이지요.

속담을 따라 써 봅니다.

낮	말	은		새	가		듣	고		밤	말	은
쥐	가		듣	는	다							

4주차

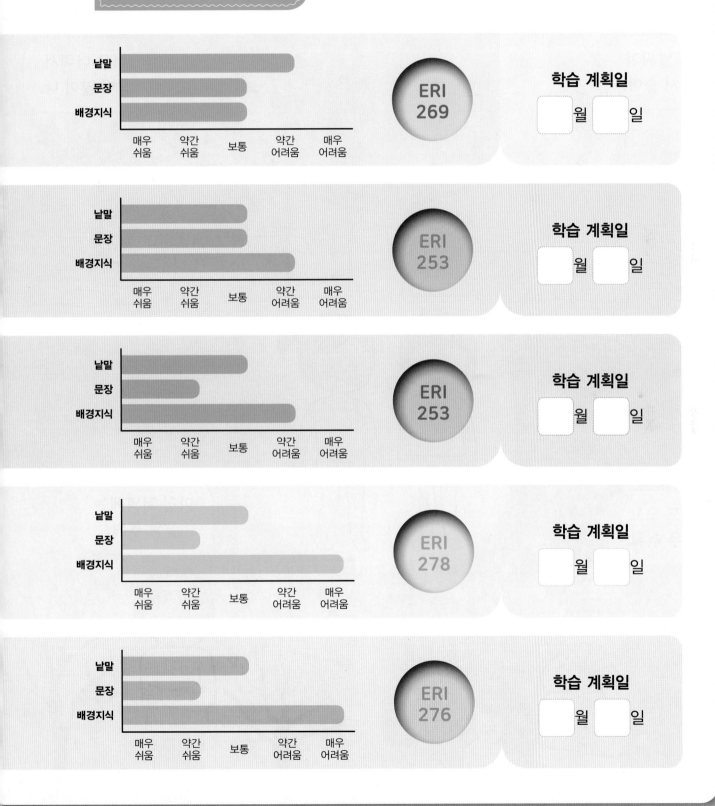

	매우 쉬움	약간 쉬움	보통	약간 어려움	매우 어려움

낱말
문장
배경지식

ERI 269

학습 계획일

☐ 월 ☐ 일

낱말
문장
배경지식

ERI 253

학습 계획일

☐ 월 ☐ 일

낱말
문장
배경지식

ERI 253

학습 계획일

☐ 월 ☐ 일

낱말
문장
배경지식

ERI 278

학습 계획일

☐ 월 ☐ 일

낱말
문장
배경지식

ERI 276

학습 계획일

☐ 월 ☐ 일

그때그때 알맞은 옷을 입어요.

몸을 보호해 주는 옷

오늘은 날씨가 따뜻해서 좋아.

너무 더워서 땀이 많이 나.

눈도 오고 너무 추워.

아침 저녁에는 살짝 추워.

그림으로 배우는 어휘

흐리게 쓴 글자는 따라 쓰세요.

옷

옷 옷 옷

몸을 보호하거나 꾸미기 위해 천으로 만들어 입는 것.

예 새 옷을 사 주셨어.

옷을 의복 이라고도 해.

피부

피 부 피 부 피 부

몸의 겉을 싸고 있는 조직.

예 피부가 참 부드럽구나!

사람의 피부는 살갗이라고도 해.

배탈

배 탈 배 탈 배 탈

배가 아프거나 설사하는 병.

예 아이스크림을 많이 먹어서 배탈이 났어.

배가 아픈 병은 배앓이라고도 해.

알고 있니? 하는 일에 따라 입는 옷도 달라요

아빠, 입은 옷을 보고 어떤 일을 하는지 알 수 있어요?

그럼. 아빠는 요리사잖아. 그래서 앞치마도 하고 모자도 쓰지.

아빠, 소방관 아저씨들은 어떤 옷을 입어요?

뜨거운 불을 견딜 수 있는 옷을 입지. 이 옷은 뜨거운 열을 막아 주고, 물이나 불로부터 몸을 보호해 준단다.

짜―안

옷을 보면 어떤 운동을 하는 사람인지 알 수 있지. 축구 선수, 야구 선수 그리고……

피겨 스케이팅 선수요. 저번에 텔레비전에서 봤어요.

아빠, 저는 멋진 군인이 되고 싶어요.

그래? 너의 멋진 모습이 기대되는데.

하하

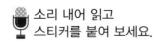
소리 내어 읽고
스티커를 붙여 보세요.

잘 듣고
읽어 보세요.

몸을 보호해 주는 옷

"더워요. 안 입을 거예요."

"더워도 옷을 입어야 하는 거야."

옷을 입지 않겠다는 동생과 엄마의 실랑이에요.

여름이면 우리 집에서 가끔 일어나는 일이지요. 너무 더워서 땀이 뻘뻘 나는 여름에는 옷을 입고 싶지 않을 때가 있어요. 그런데 추운 겨울에 옷을 입지 않으면 감기에 걸리겠지만 ㉠왜 여름에도 옷을 입어야 할까요?

겨울에는 얇은 옷을 여러 개 겹쳐 입는 것이 좋다고 해요. 물론 외출할 때는 두꺼운 털외투도 입어야 하지요. 겨울에 옷을 입지 않겠다고 하는 사람은 없을 거예요. 그런데 더운 여름에도 옷을 입어야 하는 이유는 무엇일까요?

우리 피부는 연약해서 강한 햇빛에 매우 약하답니다. 오랫동안 강한 햇빛에 노출되면 피부가 까맣게 타지요. 심하면 피부병에 걸릴 수도 있어요. 또, 여름이라도 배를 차갑게 하면 배탈이 난답니다. 그런 일이 일어나지 않으려면 옷을 입어야 하는 거예요. 그러니까 옷을 입는 가장 중요한 이유는 ㉡우리 몸을 보호하기 위해서랍니다.

글의 내용 이해하기

1 이 글의 내용으로 알맞지 <u>않은</u> 것은 무엇입니까? (   )

① 동생은 여름에는 옷을 입기 싫어합니다.

② 우리 피부는 강한 햇빛에 타기 쉽습니다.

③ 여름에도 배를 차갑게 하면 배탈이 납니다.

④ 겨울에도 얇은 옷을 여러 개 겹쳐 입어야 좋습니다.

⑤ 동생은 엄마가 주는 옷은 몸에 안 맞는다고 했습니다.

세부 내용 이해하기

2 이 글에서는 ㉠에 대한 답을 무엇이라고 말하고 있습니까? (   )

① 추운 날씨를 견디기 위해서입니다.

② 우리 몸을 보호하기 위해서입니다.

③ 엄마에게 야단맞지 않기 위해서입니다.

④ 옷이 많다는 것을 뽐내기 위해서입니다.

⑤ 혼자서도 옷을 입을 수 있다는 것을 보여 주기 위해서입니다.

낱말 뜻 이해하기

3 다음 문장을 읽고 빈칸에 들어갈 알맞은 낱말을 보기 에서 찾아 쓰세요.

보기
> • 피부   • 연약   • 노출

> 더운 여름에도 옷을 입어야 합니다. 여름에는 햇볕이 매우 강합니다. 만약 옷을 입지 않고 강한 햇빛에 오랜 시간 ☐☐ 되면 ☐☐이/가 까맣게 탈 수 있습니다. 우리 피부는 ☐☐하기 때문입니다.

4 ⓒ의 예로 알맞지 <u>않은</u> 것은 무엇입니까? (   )

① 비가 올 때는 몸이 젖지 않도록 비옷을 입습니다.

② 생일잔치에 갈 때에는 비싸고 화려한 옷을 입습니다.

③ 등산을 할 때에는 몸의 체온을 유지해 주는 등산복을 입습니다.

④ 위험한 일을 할 때에는 몸을 보호하기 위해 작업복을 입습니다.

⑤ 스키를 탈 때에는 추위를 막고 다치는 것을 막기 위해 스키복을 입습니다.

세부 내용 이해하기

5 옷처럼 우리의 몸을 보호해 주는 것을 찾아 줄(–)로 잇고, 따라 써 보세요.

(1) 손을 보호해 주는 것   ·   ·   · | 신 | 발 |

(2) 발을 보호해 주는 것   ·   ·   · | 장 | 갑 |

(3) 머리를 보호해 주는 것   ·   ·   · | 모 | 자 |

배경지식 활용하여 추론하기

6 운동 선수들에게 맞는 옷을 스티커에서 찾아 붙여 주세요.

축구 선수   야구 선수   피겨스케이팅 선수

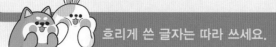

흐리게 쓴 글자는 따라 쓰세요.

어휘 살찌우기

몸이 아프면 어디를 가야 치료를 할 수 있을까요? 아픈 곳에 따라 가야 하는 병원이 어디인지 알아보고 따라 써 봅니다.

내과 — 감기에 걸렸어요.

| 내 | 과 | 내 | 과 | 내 | 과 |

안과 — 눈병이 났어요.

| 안 | 과 | 안 | 과 | 안 | 과 |

치과 — 이가 아파요.

| 치 | 과 | 치 | 과 | 치 | 과 |

재미있는 속담 익히기

배보다 배꼽이 더 크다

'배보다 배꼽이 더 크다'는 마땅히 커야 할 것이 작고 작아야 할 것이 오히려 크다는 뜻이에요. 글자 그대로 윗몸 대부분을 차지하는 커다란 부분인 배보다 배 가운데 자리하고 있는 자그마한 배꼽이 더 크다니 뭔가 이상하지요? 그래서 이 속담은 기준이나 기본이 되는 것보다 추가하거나 덧붙이는 것이 더 많거나 큰 경우에 자주 쓰여요.

속담을 따라 써 봅니다.

| 배 | 보 | 다 | | 배 | 꼽 | 이 | | 더 | | 크 | 다 | |

너, 그거 배꼽 맞아?

맞아.

어휘야 놀자~

가고 싶은 곳을 지도에서 찾아봐요.

그림으로 약속해요

논

논 논 논

물을 대 놓고 주로 벼농사를 짓는 땅.

예 논에 벼가 누렇게 익었어.

논과 밭을 함께
일러 논밭이라고 해.

들

들 들 들

논이나 밭으로 되어 있는 넓은 땅.

예 농촌은 들에 나가서 일하는 사람이 많다.

비슷한 낱말로
들판, 벌이 있어.

관광지

관 광 지   관 광 지

경치가 좋거나 유적 등이 있어 관광할 만한 곳.

예 제주도는 관광지로 유명하다.

경복궁도 외국인이
많이 오는 관광지야.

알고 있니?   지도에 있는 기호들은 뭘까?

지도의 기호는 땅의 모습을 나타내기 위해 약속한 그림이에요.

기호는 어떻게 만든 것일까요? 기호는 실제 모양을 본떠서 만들었어요.

논 기호는 논에 모를 심은 모습을 본떠서 만든 것이고요, 학교 기호는 학교 건물과 그 위에 걸린 태극기의 모양을 보고 만든 것이에요. 다른 건물이나 장소는 지도에서 어떤 모양인지 살펴보아요.

학교   우체국   병원   온천

산   논   과수원   다리

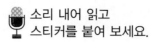 소리 내어 읽고
스티커를 붙여 보세요.

 잘 듣고
읽어 보세요.

그림으로 약속해요

여러분은 모르는 길을 갈 때 무엇을 보면서 가나요?

네, 지도를 보고 길을 찾아가지요.

지도란 땅의 모습을 작게 나타낸 그림이에요. 땅 위에 있는 것들을 알기 쉽도록 표현한 것이지요. 하지만 땅 위에 있는 것들을 모두 그대로 그릴 수는 없어요. 지도에 모두 나타내는 건 어렵거든요.

그래서 사람들은 간단한 모양으로 그려서 나타내기로 약속했어요.

예를 들면, 학교는 학교 모양을 본떠서 그림으로 나타내고, 산은 산 모양을 본떠서 그림으로 나타내었어요. 따뜻한 물이 나오는 온천과 논도 각각의 모양을 본떠서 그림으로 그려 넣었어요.

그런데 모든 것을 같은 색으로 그린다면 알아보기 어려울 거예요. 그래서 여러 가지 색깔로 구분하여 표시하기로 했어요. 산과 학교는 검은색으로 표시하고요. 과수원이나 논, 밭은 초록색으로 표시해요. 관광지나 빛과 관련된 것은 빨간색으로 표시했어요.

그림으로 약속한 것을 알고 지도를 봐요. 어때요? 무엇이 어디에 있는지 잘 보이지요?

1 이 글의 내용으로 알맞지 <u>않은</u> 것은 무엇입니까? (   )

① 사람들은 모르는 길을 갈 때 지도를 봅니다.

② 그림으로 나타낼 때 논은 초록색으로 표시합니다.

③ 지도는 땅 위에 있는 것들을 알기 쉽게 표현합니다.

④ 땅 위에 있는 것은 모두 그대로 지도에 그릴 수 있습니다.

⑤ 사람들은 간단한 모양으로 지도에 표시하기로 약속했습니다.

2 땅의 모습을 작게 나타낸 그림을 무엇이라고 하는지 이 글에서 찾아 쓰세요.

3 이 글의 내용을 정리한 마인드맵입니다. 빈칸에 들어갈 알맞은 말을 쓰세요.
마인드맵

4 그림으로 나타낸 지도에 대해 바르게 설명한 친구에 ○표 하세요.

(1) 간단한 모양으로 그려서 나타내기로 사람들이 약속한 것이 지도야.

(   )

(2) 그림으로 나타낸 지도에서 기호는 모두 검은색으로 표시해.

(   )

(3) 그림으로 나타낸 지도는 한눈에 알아보도록 모두 빨간색으로 나타내.

(   )

5 해수욕장을 다음과 같이 그림으로 그려서 지도에 표시하려고 합니다. 무슨 색으로 나타내야 합니까? (   )

① 녹색 ② 파란색 ③ 빨간색
④ 파란색 ⑤ 노란색

6 마을의 모습을 지도로 그리려고 합니다. 장소에 맞는 기호를 스티커에서 찾아 붙이고
스티커 따라 써 보세요.

어휘
살찌우기

'들', '논', '밭'과 관련 있는 낱말을 알아보고 따라 써 봅니다.

| 들 길 | 들 녘 | 들 판 |
| 들 길 | 들 녘 | 들 판 |

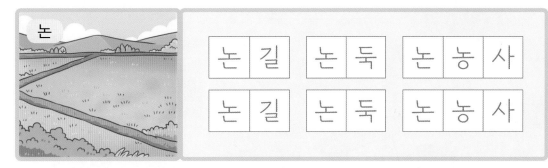

| 논 길 | 논 둑 | 논 농 사 |
| 논 길 | 논 둑 | 논 농 사 |

| 밭 길 | 밭 일 | 밭 농 사 |
| 밭 길 | 밭 일 | 밭 농 사 |

한자어

한자어를 소리 내어 읽고 따라 써 봅니다.

표 현

겉 표 表 + 나타날 현 現

생각이나 느낌 따위를 말이나 글 등으로 드러내어 나타냄.

表 現
겉 표　나타날 현

표현력

表 現 + 力
겉 표　나타날 현　힘 력

표현하는 능력.

표지

表 + 紙
겉 표　종이 지

책의 겉장.

과학 | 자연

계절마다 기억에 남는 일이 있어요.

봄, 여름, 가을, 겨울

햇볕 좋은 날, 찰칵!

시원한 나무 그늘 아래서 낮잠을 잤어요.

할아버지와 낙엽을 쓸었어요.

눈이 와서 신났어요.

겨울잠

겨울잠 겨울잠

동물이 겨울 동안 활동을 멈추고 잠을 자듯이
지내는 것.

예 개구리는 땅속에 들어가 겨울잠을 자요.

겨울을 지내는 것을
겨울나기라고 해.

애벌레

애벌레 애벌레

알에서 나온 뒤 아직 다 자라지 아니한 벌레.

예 애벌레가 나뭇잎을 먹어요.

애벌레는 새끼벌레
라고도 해.

낙엽

낙엽 낙엽 낙엽

말라서 떨어진 나뭇잎.

예 가을이 되면 낙엽이 떨어진다.

바짝 마른 잎은
가랑잎이라고도 해.

알고 있니? 맛있는 계절 음식

우리나라는 봄, 여름, 가을, 겨울의 사계절
이 뚜렷해요. 옛날부터 우리 조상들은 계절에
맞게 '계절 음식'을 먹었어요. 계절 음식은 계
절에 구하기 쉬운 재료로 만들고, 계절의 특
징에 맞는 음식이에요.

따뜻한 봄에는 진달래꽃으로 만든 화전이나
쑥으로 만든 쑥떡을 먹었어요. 더운 여름에는
무더위를 견디기 위해 삼계탕을 먹었어요.

선선한 가을에는 쌀로 빚은 송편이나 국화로 만든 국화전을 먹었어요. 추운 겨울에
는 김장 김치를 먹고 말린 채소로 나물을 만들어 먹었어요.

이처럼 우리 조상들은 계절에 맞는 음식을 먹고 건강하게 한 해를 보냈어요.

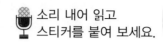
소리 내어 읽고
스티커를 붙여 보세요.

잘 듣고
읽어 보세요.

봄, 여름, 가을, 겨울

봄에는 날씨가 따뜻해져요. 그리고 봄바람이 불어요. 봄이 되면 꽃이 피고 새싹이 돋아나요. 개구리는 겨울잠에서 깨어나지요. 농부는 밭에 씨앗을 뿌려요.

봄이 지나면 여름이 와요. 여름에는 날씨가 더워져요. 햇빛이 강해지고 비가 많이 내려요. 여름이 되면 나뭇잎은 초록색이 돼요. 매미가 울고 ㉠알에서 깨어난 애벌레는 나비가 돼요. 사람들은 바닷가로 물놀이를 가요. 학교에서 우리는 여름방학을 해요.

여름이 지나면 가을이 와요. 가을에는 날씨가 선선해져요. 가을 하늘은 파랗고 높아요. 가을이 되면 열매가 열리고, 낙엽이 져요. 잠자리가 날아다니고, 기러기*가 찾아와요. 농부는 곡식을 거두어들여요. 학교에서 우리는 가을 운동회를 해요.

가을이 지나면 겨울이 와요. 겨울에는 날씨가 추워져요. 눈이 내리고 찬 바람이 불지요. 나무는 나뭇가지만 남아요. 곰과 개구리는 겨울잠을 자요. 사람들은 두꺼운 옷을 입어요. 학교에서 우리는 겨울방학을 해요.

겨울이 지나면 다시 봄, 여름, 가을이 이어져요.

*기러기: 가을에 우리나라로 와서 봄에 추운 곳으로 떠나는 겨울 철새임.

글의 내용 이해하기

1 이 글의 내용으로 알맞지 <u>않은</u> 것은 무엇입니까? (   )

① 봄에는 날씨가 따뜻해집니다.

② 여름에는 날씨가 더워집니다.

③ 가을에는 날씨가 선선해집니다.

④ 겨울에는 날씨가 춥고 찬 바람이 붑니다.

⑤ 봄부터 여름까지는 날씨가 점점 추워집니다.

 세부 내용 이해하기

2 다음 중 봄과 관련 <u>없는</u> 것은 무엇입니까? (   )

① 낙엽이 집니다.

② 새싹이 납니다.

③ 봄바람이 붑니다.

④ 농부가 밭에 씨앗을 뿌립니다.

⑤ 개구리가 겨울잠에서 깨어납니다.

 글의 내용 이해하기

3 ㉠에서 알 수 있는 순서대로 빈칸에 들어갈 알맞을 말을 쓰세요.

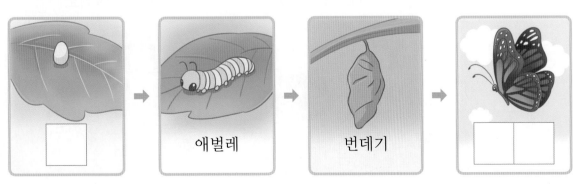

애벌레 → 번데기 →

4 빈칸에 들어갈 알맞은 낱말을 [보기]에서 찾아 쓰세요.

보기
· 새싹 · 낙엽

(1) 봄에는 ☐☐ 이/가 파릇파릇 돋아납니다.

(2) 가을에는 ☐☐ 이/가 져서 수북이 쌓입니다.

 내용 이해하고 활동하기

5 사계절에 따라 변하는 나무의 모습을 스티커에서 찾아 붙여 보세요.
스티커

봄   여름   가을   겨울

배경지식 활용하여 활동하기

6 아이가 먹을 음식을 스티커에서 찾아 붙이고, 음식의 이름을 따라 써 보세요.
스티커

더운 여름에 먹고 기운을 내요.
가을이에요. 추석에 맛있게 먹어요.

삼 계 탕   송 편

어휘 살찌우기

우리말에는 '밤'이나 '비' 등을 계절에 따라 다르게 이름 붙인 낱말들이 있습니다. 어떤 낱말들이 있는지 알아보고 따라 써 봅니다.

봄	봄밤	봄비	봄철
여름	여름밤	여름비	여름철
가을	가을밤	가을비	가을철
겨울	겨울밤	겨울비	겨울철

재미있는 우리말 익히기

더위를 먹다

옛날에는 선풍기나 에어컨이 없어서 한여름 더위가 시작되면 입맛도 떨어지고 기운도 떨어졌어요. 이처럼 여름에 기운이 떨어지면 흔히 '더위 먹었다'라고 했어요. 그러니까 '더위를 먹다'는 심한 더위로 몸의 기운이 없어졌다는 뜻이에요.

그런데 더위는 먹는 음식도 아닌데, 왜 먹는다는 표현을 했을까요?

'먹다'라는 말에는 '음식을 먹다.'라는 뜻 말고 '겁먹다', '욕먹다'처럼 '무엇을 하거나 어떻게 되다.'라는 뜻도 담겨 있기 때문이에요.

재미있는 우리말을 따라 써 봅니다.

더	위	를		먹	다				

하는 사람, 보는 사람 다 좋은 연극.

연극 축제 소식

자, 잘해 보자.
준비는 다 했지?

내 호랑이 신발은
어디 있지?

내가 제일 먼저
나가야 해.
아, 너무 떨려.

여기 있어.

여러분 자리에 앉아 주세요.
연극이 곧 시작해요.

연극

연　극　　연　극　　연　극

배우가 무대 위에서 관객에게 연기를 보이는
예술.

예 오늘 우리 반 연극은 재미있었다.

연극을 특별 활동으로
하는 모임이 연극반이야.

마술

마　술　　마　술　　마　술

속임수 따위를 써서 놀라운 것을 보여 주는 재주.
또는 그런 술법이나 구경거리.

예 내 생일날 아버지께서 마술을 보여 주셨어.

마술을 보여 주는
사람이 **마술사**야.

극장

극　장　　극　장　　극　장

연극이나 영화 상영 시설을 갖춘 곳.

예 극장 안에 사람이 한 명도 없네!

영화 상영을 하는 곳은
영화관이라고 해.

알고 있니?　연극을 할 때 필요한 것은 무엇일까?

　연극을 하려면 필요한 세 가지가 있어
요. 어떤 이야기를 할 것인지 이야기가
있어야 하고, 이야기를 표현할 배우가
있어야 해요. 그리고 마지막으로 연극을
보아 줄 관객도 있어야 해요.

　연극으로 보여 주는 이야기는 아주 많
고 내용도 다양해요. 이야기 중에 즐거
운 이야기이면 희극, 슬픈 이야기이면

비극이라고 해요. 배우들은 연기를 하며 관객과 함께 웃기도 하고 울기도 해요.

　그런데 연극 중에는 혼자서 하는 연극도 있고, 말을 하지 않고 몸동작으로만 하는
연극도 있답니다.

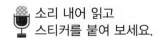
소리 내어 읽고
스티커를 붙여 보세요.

잘 듣고
읽어 보세요.

연극 축제 소식

저는 노래와 춤이 좋아요. 연극도 좋아하는데, 음악과 춤이 있는 연극을 더 좋아해요. 어린이를 위한 이런 연극이 더 많았으면 좋겠어요.

그런데 마침 반가운 소식을 들었어요. 어린이를 위한 연극 축제가 열린대요. 7월에 서울에서 열리는데, 여름방학 때라 무척 기대돼요. 온 가족이 함께 즐길 수 있대요. 그래서 연극을 좋아하는 친구들에게 꼭 알리고 싶어요.

이 축제는 ㉠'아시테지* 축제'라고 불린대요. 프랑스에서 시작했는데, 지금은 많은 나라에서 열리고 있나 봐요. 축제에 참여하면 다양한 공연들을 즐길 수 있대요. 재미있고 신나는 공연이 많다고 해요. 동화와 음악으로 꾸민 연극도 있대요. 인형들이 나오는 연극도 있고요. 마술 공연도 있다니, 참 즐거울 것 같아요. 온라인 극장도 있어서 공연을 화면으로 볼 수 있대요.

정말 반가운 소식이죠?

부모님과 함께 연극 축제에 꼭 참여해 봐요.

*아시테지: 국제 아동 청소년 연극 협회를 가리키며, 전 세계 80여 개국에서 참여하고 있습니다.

1 글쓴이가 전하고 싶은 반가운 소식은 무엇입니까? (   )

① 여름방학이 곧 돌아온다는 것

② 어린이를 위한 연극 축제가 열린다는 것

③ 어린이들이 공연하는 연극이 생긴다는 것

④ 많은 나라에서 우리나라 연극을 보러 온다는 것

⑤ 프랑스에서 부모님을 위한 연극 축제가 열린다는 것

2 ㉠에 대한 설명으로 맞는 것에 모두 ○표 하세요.

(1) 프랑스와 우리나라에서만 열리는 축제입니다.   (   )

(2) 공연 내용은 온라인 극장에서만 볼 수 있습니다.   (   )

(3) 동화와 음악 등으로 꾸민 다양한 연극을 볼 수 있습니다.   (   )

(4) 어린이뿐만 아니라 온 가족이 함께 즐길 수 있는 축제입니다.   (   )

3 연극을 좋아하는 친구들에게 아시테지 축제를 알리는 초대장을 쓰려고 합니다. 초대장에 들어갈 내용으로 알맞지 <u>않은</u> 것은 무엇입니까? (   )

① 축제가 열리는 기간   ② 축제가 열리는 장소

③ 축제에 참여하는 방법   ④ 축제에 참여할 때의 복장

⑤ 축제에서 볼 수 있는 공연

4 글쓴이가 소개하려는 축제는 언제 열린다고 하였는지 이 글에서 찾아 쓰세요.

글의 내용 적용하기

5 부모님께 축제에 참여하자고 부탁드리는 편지의 일부입니다. 밑줄 친 내용과 거리가 먼 것은 무엇입니까? ( )

> 부모님께
>
> 　여름방학 때 어린이를 위한 국제 연극 축제가 서울에서 열린다고 들었어요. 축제에 참여하면 <u>다양한 공연들</u>을 마음껏 즐길 수 있대요. 어린이와 온 가족이 함께 즐길 수 있다고 해요. 저도 부모님과 함께 가고 싶어요.

① 마술을 보여 주는 공연　　　② 동화로 꾸민 연극 공연
③ 음악으로 꾸민 연극 공연　　　④ 만화 영화를 보여 주는 공연
⑤ 인형들이 나오는 연극 공연

배경지식 활용하여 추론하기

6 스티커 연극을 할 때 필요한 세 가지가 있습니다. 빈칸에 들어갈 알맞은 말을 쓰고, 스티커에서 그림을 찾아 붙여 보세요.

이야기　　　　　　　　　　관객

어휘야 놀자~

잘못 쓰기 쉬운 말

낱말을 쓸 때 잘못 쓰기 쉬운 낱말이 있습니다. 바르게 쓴 낱말을 잘 보고 따라 써 봅니다.

연극 ◎	연국 ✖	→	연 극	연 극
마술 ◎	마슬 ✖	→	마 술	마 술
극장 ◎	극짱 ✖	→	극 장	극 장
마침 ◎	맞침 ✖	→	마 침	마 침
반가운 ◎	반가은 ✖	→	반 가 운	반 가 운

한자어

한자어를 소리 내어 읽고 따라 써 봅니다.

동 화

아이 동 童 + 이야기 화 話

어린이를 위하여 동심을 바탕으로 지은 이야기.

| 童 | 話 |
| 아이 동 | 이야기 화 |

동심

| 童 | 心 |
| 아이 동 | 마음 심 |

어린아이의 마음.

대화

| 對 | 話 |
| 대할 대 | 이야기 화 |

마주 대하여 이야기를 주고받음.

지구가 잡아당겨서 아래로 떨어져요.

지구가 끌어당겨요

폭포가 아래로 떨어져요.

사과가 아래로 떨어져요.

왜 모두 아래로 떨어지지?

지구가 잡아당기는 힘 때문이야.

땅

땅 땅 땅

지구에서 바다, 강 등 물이 흐르는 곳을
제외한 곳.

예) 개미는 땅속에 살아요.

땅을 육지라고도 해.

지구

지구 지구 지구

우리가 살고 있는 별.

예) 지구는 둥글어요.

지구에서 살고 있는
사람을 지구인이라고 해.

중력

중력 중력 중력

지구 중심으로 물체를 잡아당기는 힘.

예) 사과가 떨어지는 것은 중력 때문이야.

중력이 없는 우주 공간은
무중력 상태야.

알고 있니? 물체는 아래로 떨어져요

아야,
사과가 머리로
떨어지다니.

사과는 왜
항상 땅으로
떨어지는 거지?

난 항상 아래로
떨어지는데……

사과와 땅 사이에 어떤 힘이
작용하고 있는 걸까?

제가 끌어당기기
때문이에요.

그래서 모든
물체가 아래로
떨어지는구나.

맞아요.
내가 지구 중심으로
끌어당기는 힘, 바로
중력 때문이에요.

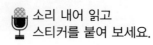
소리 내어 읽고
스티커를 붙여 보세요.

잘 듣고
읽어 보세요.

지구가 끌어당겨요

"너무 신나서 하늘을 날 것 같아!"

기분이 좋아서 팔짝 뛰어올랐어요.

신나는 마음을 담아 공을 하늘로 힘껏 찼어요.

이상하네요? 팔짝 뛰어올랐지만 내 몸은 다시 땅으로 떨어졌어요.

하늘 높이 "뻥!" 찼던 공도 다시 땅으로 떨어졌어요.

텔레비전에서 태풍에 창문과 건물 간판이 날아갔다는 뉴스를 봤어요.

그렇지만 그것들은 우주로 날아가지 않고 모두 다시 땅으로 떨어졌어요.

왜 그럴까요?

지구가 모든 것을 끌어당기기 때문이에요. 이처럼 지구가 끌어당기는 힘을 중력이라고 해요. 중력의 힘은 무거울수록 커진답니다. 무거운 물건을 들기 힘든 것도, 우리가 아빠를 업기 힘든 것도 다 중력 때문이에요. 가벼운 물건은 중력이 조금밖에 영향을 주지 않기 때문에 쉽게 들 수 있어요.

이렇듯 공을 찰 때, 높이뛰기를 할 때 중력이 영향을 주고 있어요. 무엇을 하더라도 항상 중력이 우리를 끌어당겨 주어요. 지구에서 떨어지지 않고 땅 위에서 살 수 있는 것도 중력 때문이지요. ㉠중력은 언제나 우리 주변에 있답니다.

글의 내용 파악하기

1 이 글의 내용으로 알맞지 <u>않은</u> 것은 무엇입니까? (   )

① 무거울수록 중력의 힘은 큽니다.

② 중력 때문에 높이 찬 공이 땅으로 떨어집니다.

③ 무거운 물건이 가벼운 물건보다 들기 쉽습니다.

④ 신이 나서 팔짝 뛰어올랐지만 다시 땅으로 내려옵니다.

⑤ 태풍에 날아간 건물 간판이 다시 땅으로 떨어진 것은 중력 때문입니다.

세부 내용 이해하기

2 이 글에서 중력이 있다는 것을 알게 한 일은 무엇인지 알맞은 것에 ○표 하세요.

(1) 뉴스가 나오는 텔레비전을 본 것   (   )

(2) 높이 뛰어올라도 다시 땅으로 떨어진 것   (   )

(3) 너무 신나서 하늘을 날 것 같다고 말한 것   (   )

세부 내용 이해하기

3 ㉠을 바르게 이해한 친구에 ○표 하세요.

(1) 중력은 어디에나 있다는 거구나.

(   )

(2) 중력은 내 주변에만 있다는 말이야.

(   )

(3) 중력은 내 몸속에 있는 거였어.

(   )

4 빈칸에 공통으로 들어갈 알맞은 말을 이 글에서 찾아 쓰세요.

> 지구가 물체를 끌어당기는 힘을 ☐☐ 이라고 합니다. ☐☐ 때문에 우리는 우주로 날아가지 않고 땅에서 살아갑니다.

배경지식 활용하여 추론하기

5 다음 글을 읽고 빈칸에 들어갈 알맞은 문장에 ○표 하세요.

> 지구 위에 있는 모든 것을 지구가 끌어당기고 있어요.
> 그래서 하늘 높이 찼던 공도 다시 땅으로 떨어졌어요.
> 태풍에 날아갔던 창문과 건물 간판도 모두 (땅으로 떨어졌어요 , 하늘 높이 날아갔어요).

배경지식 활용하여 활동하기

6 스티커 둥근 지구에 사는 사람들이 사과를 떨어뜨려요. 스티커에 있는 사과를 떨어지는 곳에 붙여 보세요.

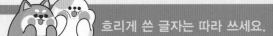

어휘 살찌우기

'공을 하늘로 힘껏 찼어요.'에서의 '차다'는 글자는 같은데 뜻이 다른 낱말로 쓰입니다. 낱말의 뜻을 잘 보고 따라 써 봅니다.

차다 　발로 내어 지르거나 받아 올리다.

공	을		차	다			

차다 　몸에 닿은 물체나 온도가 낮다.

얼	음	이		차	다		

차다 　물건을 몸의 한 부분에 지니다.

손	목	에		시	계	를		차	다

차다 　사람, 사물 따위가 가득하게 되다.

사	람	이		가	득		차	다

한자어

한자어를 소리 내어 읽고 따라 써 봅니다.

중 력

무거울 중 重 + 힘 력 力

지구 중심으로 물체를 끌어당기는 힘.

重 力
무거울 중　힘 력

중요

重	+	要
무거울 중		구할 요

귀하고 꼭 필요함.

문해력

文	解	+	力
글월 문	풀 해		힘 력

글을 읽고 이해하는 힘.

확인증

초등학교   학년   이름

위 어린이는

ERI 독해가 문해력이다 2단계 기본 과정을

모두 마쳤습니다.

이에 학습을 마쳤다는 확인증을 드립니다.

다음 ERI 독해가 문해력이다 2단계 심화에서
다시 만나요~~

부 록

낱말카드 — 받아쓰기

ERI 독해가
문해력이다
2단계 기본

기본 어휘만 모은 낱말카드!

그림으로 배우는 **어휘** 에서 학습한 어휘를 놀이로 즐기면서 복습해 보세요. 부모님과 함께 해도 되고, 친구끼리 해도 좋습니다.

활용법

- 절취선을 따라 낱말카드를 잘라 주세요.

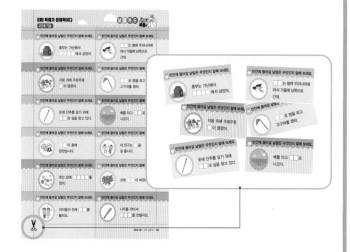

- 낱말카드의 문제 부분을 보여 주며 답을 말하도록 합니다.

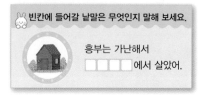

- 어려워하면 낱말카드 뒷부분에 있는 낱말 뜻을 읽어 주어 답을 생각해 보게 합니다.

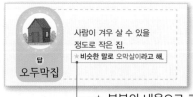

★ 부분의 내용으로 퀴즈를 내 주어 어휘 확장을 시켜 줍니다.

 흥부가 살던 아주 작은 집은 뭐지?

 오두막집.

3단계 받아쓰기

를 잘 듣고 단계별 받아쓰기를 합니다.

3단계 구성으로 올바른 맞춤법과 듣기에 집중하여 문장을 완성하는 훈련을 하게 합니다.

1단계 글자 완성 낱말의 기본 자음자와 모음자를 보여 주고 어려운 자음자, 모음자, 받침을 채우는 코너입니다.

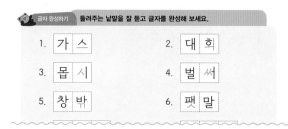

2단계 낱말 완성 들려주는 낱말을 잘 듣고 낱말을 받아쓰는 코너입니다.

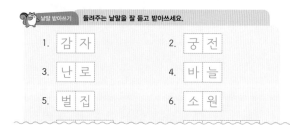

3단계 문장 완성 들려주는 문장을 잘 듣고 빈칸에 들어갈 낱말을 받아쓰는 코너입니다.

낱말 카드

빈칸에 들어갈 낱말은 무엇인지 말해 보세요.

흥부는 가난해서
□□□□에서 살았어.

빈칸에 들어갈 낱말은 무엇인지 말해 보세요.

□□는 봄에 우리나라에
와서 가을에 남쪽으로
간대.

빈칸에 들어갈 낱말은 무엇인지 말해 보세요.

지붕 위에 주렁주렁
□이 열렸어.

빈칸에 들어갈 낱말은 무엇인지 말해 보세요.

□□로 땅을 파고
고구마를 캤어.

빈칸에 들어갈 낱말은 무엇인지 말해 보세요.

옷에 단추를 달기 위해
□□과 실을 찾고 있다.

빈칸에 들어갈 낱말은 무엇인지 말해 보세요.

배를 타고 □□로
나갔다.

빈칸에 들어갈 낱말은 무엇인지 말해 보세요.

□□이 꽃에
앉았습니다.

빈칸에 들어갈 낱말은 무엇인지 말해 보세요.

내 친구는 □을
잘 춥니다.

빈칸에 들어갈 낱말은 무엇인지 말해 보세요.

맞는 답에 □□□□를
쳤어.

빈칸에 들어갈 낱말은 무엇인지 말해 보세요.

산에 □□이 피었어요.

빈칸에 들어갈 낱말은 무엇인지 말해 보세요.

아이들이 전래 □□를
불러요.

빈칸에 들어갈 낱말은 무엇인지 말해 보세요.

나무를 깎아서
□□□를 만들어요.

등이 검고, 배는 하얀색이며,
매우 빠르게 나는 작은 새.
★ 제비는 따뜻한 계절에만 오는
철새야.

답 제비

사람이 겨우 살 수 있을
정도로 작은 집.
★ 비슷한 말로 오막살이라고 해.

답 오두막집

잡초나 감자, 고구마 따위를
캘 때 쓰는 농기구.
★ 호미처럼 주로 농사에 쓰는 것을
농기구라고 해.

답 호미

줄기는 다른 물체를 감고 올라
가고 둥근 열매가 열리는 식
물. 또는 그 열매.
★ 박은 속을 파내고 말리면
바가지가 돼.

답 박

지구상에서 육지 이외에
짠물이 차 있는 넓은 부분.
★ 갈매기처럼 바다에서 살아가는
새를 바닷새라고 해.

답 바다

옷 따위를 짓거나 꿰맬 때
쓰는 물건.
★ 바늘로 옷을 짓거나 꿰매는 일을
바느질이라고 해.

답 바늘

장단에 맞추어 팔다리와
몸을 움직이는 것.
★ 비슷한 말로 무용이 있어.

답 춤

꽃에서 꿀을 가져와
모으는 벌.
★ 꿀벌이 모은 꿀은
벌꿀이라고 해.

답 꿀벌

진달래 다음에 피는
분홍색 꽃.
★ 철쭉의 다른 이름은 연달래야.

답 철쭉

동그랗게 생긴 모양.
★ 동그라미를 원이라고도 해.

답 동그라미

치거나 두드리는 데 쓰는 길고
둥근 막대기.
★ 방망이로 두드리는 일을
방망이질이라고 해.

답 방망이

어린이들이 즐겨 부르는 노래.
★ 예로부터 전해 내려오는 동요를
전래 동요라고 해.

답 동요

🐰 빈칸에 들어갈 낱말은 무엇인지 말해 보세요.

우리는 사이좋은 ☐☐예요.

🐰 빈칸에 들어갈 낱말은 무엇인지 말해 보세요.

기체

☐☐는 공기처럼 정해진 모양이 없어요.

🐰 빈칸에 들어갈 낱말은 무엇인지 말해 보세요.

숲속의 맑은 ☐☐를 마셔요.

🐰 빈칸에 들어갈 낱말은 무엇인지 말해 보세요.

이웃 어른께 ☐☐를 드렸어.

🐰 빈칸에 들어갈 낱말은 무엇인지 말해 보세요.

고운 ☐을 써야 해!

🐰 빈칸에 들어갈 낱말은 무엇인지 말해 보세요.

내가 잘못했어.
내 ☐☐를 받아 줘!

🐰 빈칸에 들어갈 낱말은 무엇인지 말해 보세요.

나라를 잃은 ☐☐들은 슬퍼하였다.

🐰 빈칸에 들어갈 낱말은 무엇인지 말해 보세요.

日月
山人

☐☐를 읽는 것은 어렵다.

🐰 빈칸에 들어갈 낱말은 무엇인지 말해 보세요.

임금과 ☐☐ 사이에는 서로 믿음이 있어야 합니다.

🐰 빈칸에 들어갈 낱말은 무엇인지 말해 보세요.

☐☐에서 조개를 주웠다.

🐰 빈칸에 들어갈 낱말은 무엇인지 말해 보세요.

나랑 ☐☐ 할래?

🐰 빈칸에 들어갈 낱말은 무엇인지 말해 보세요.

숲에는 많은 ☐☐이 살아가고 있어.

답
기체

김이나 공기처럼 모양이 없고
자유롭게 움직이는 물질.
★ 물은 액체이고, 얼음은 고체야.

답
형제

형과 동생.
★ 언니와 여동생은 자매라고 해.

답
인사

서로 만나거나 헤어질 때 허리
굽혀 절을 하는 것. 처음 보는
사람이 자기를 소개하는 것.
★ 인사하는 말을 인사말이라고 해.

답
공기

지구를 둘러싸고 있는
여러 가지 기체가 섞인 것.
★ 새의 몸통에서 공기가 드나드는
주머니가 공기주머니야.

답
사과

자신의 잘못에 대해 용서를
구하는 것.
★ 사과하는 내용의 글을
사과문이라고 해.

답
말

생각이나 느낌을 표현하기
위해서 사람의 목에서 나오는
소리.
★ 말은 내 생각을 전달하는
언어야.

답
한자

중국에서 만들어져서 오늘날
까지 사용하는 글자.
★ 한자로 씌어진 글을
한문이라고 해.

답
백성

한 나라에 사는 국민을 뜻하는
옛날 말.
★ 백성을 지금은 국민이라고 해.

답
갯벌

바닷물이 밀려 나가면 보이는
넓고 평평한 땅.
★ 갯벌은 펄이라고도 해.

답
신하

임금을 섬기어 벼슬하는 사람.
★ 충성을 다하는 신하를
충신이라고 해.

답
생물

생명을 가진 모든 것.
★ 생물을 생명체라고도 해.

답
친구

가깝게 오래 사귄 사람.
★ 친구를 벗이나 동무라고도 하지.

 빈칸에 들어갈 낱말은 무엇인지 말해 보세요.

 우리나라에도 ⬜⬜ 사람들이 많이 살고 있어.

 빈칸에 들어갈 낱말은 무엇인지 말해 보세요.

 우리 이모는 유명한 ⬜⬜ 디자이너야.

 빈칸에 들어갈 낱말은 무엇인지 말해 보세요.

 새로운 다리를 짓는 ⬜⬜ 공사가 한창이야.

빈칸에 들어갈 낱말은 무엇인지 말해 보세요.

 미래의 네 모습을 ⬜⬜ 해 봐!

 빈칸에 들어갈 낱말은 무엇인지 말해 보세요.

재미있는 ⬜⬜⬜ 이야기가 많아.

빈칸에 들어갈 낱말은 무엇인지 말해 보세요.

 올해도 여름에 ⬜⬜가 온대!

 빈칸에 들어갈 낱말은 무엇인지 말해 보세요.

 키가 2미터도 넘는 ⬜⬜이야.

빈칸에 들어갈 낱말은 무엇인지 말해 보세요.

 ⬜⬜에 꽃이 가득 피었구나!

 빈칸에 들어갈 낱말은 무엇인지 말해 보세요.

 이곳은 어린이들에게 ⬜⬜이야!

빈칸에 들어갈 낱말은 무엇인지 말해 보세요.

 ⬜⬜을 넣은 물이 시원해.

 빈칸에 들어갈 낱말은 무엇인지 말해 보세요.

 나쁜 ⬜⬜는 몸에 좋지 않다.

빈칸에 들어갈 낱말은 무엇인지 말해 보세요.

 우리는 내일 새집으로 ⬜⬜를 가.

답 패션

유행하는 옷차림.
★ 새로운 옷을 입고 사람들에게 보이는 건 패션쇼라고 해.

답 외국

자기 나라가 아닌 다른 나라.
★ 다른 나라 사람을 외국인이라고 하지.

답 상상

실제가 아니라 마음속으로 떠올려 보는 것.
★ 상상과 비슷한 말은 공상이야.

답 건축

집이나 시설을 짓거나 만드는 일.
★ 건축에 관한 일을 하는 사람을 건축가라고 해.

답 장마

주로 여름철에 여러 날 동안 비가 내리는 것.
★ 장마가 내리는 시기를 장마철이라고 해.

답 별자리

별의 위치를 정하기 위하여 별을 몇 개씩 묶고 이름 붙인 것.
★ 큰곰자리, 오리온자리 같은 게 별자리야.

답 정원

집 안에 있는 뜰이나 꽃밭.
★ 정원을 꽃밭이라고도 해.

답 거인

키와 몸이 아주 큰 사람.
★ 거인들이 사는 동화 속의 나라는 거인국이야.

답 얼음

물이 얼어 굳어진 것.
★ 얼음이 넓게 얼어붙은 곳을 얼음판이라고 해.

답 천국

하늘에 있다고 믿어지는 걱정 없고 행복한 곳.
★ 비슷한 말은 천당이야.

답 이사

사는 곳을 다른 곳으로 옮기는 것.
★ 이사할 때 옮기는 가구나 물건을 이삿짐이라고 해.

답 가스

기체로 된 것을 통틀어 말함.
★ 사람에게 해를 끼치는 가스는 독가스야.

🐰 빈칸에 들어갈 낱말은 무엇인지 말해 보세요.

친구들과 운동장에서
□□를 했다.

🐰 빈칸에 들어갈 낱말은 무엇인지 말해 보세요.

우리 집은 □□이
잘 들어와서 밝아.

🐰 빈칸에 들어갈 낱말은 무엇인지 말해 보세요.

비가 온 뒤 □□□가
떴다.

🐰 빈칸에 들어갈 낱말은 무엇인지 말해 보세요.

□을 당겨서 화살을
쏘았어.

🐰 빈칸에 들어갈 낱말은 무엇인지 말해 보세요.

군인은 □□를 잘
다루어야 해.

🐰 빈칸에 들어갈 낱말은 무엇인지 말해 보세요.

화살이 □□을 맞혔다.

🐰 빈칸에 들어갈 낱말은 무엇인지 말해 보세요.

에디슨은 많은 □□을
했다.

🐰 빈칸에 들어갈 낱말은 무엇인지 말해 보세요.

크리스마스트리에
예쁜 □□를 달았다.

🐰 빈칸에 들어갈 낱말은 무엇인지 말해 보세요.

실험실에서
여러 □□을 했어.

🐰 빈칸에 들어갈 낱말은 무엇인지 말해 보세요.

새 □을 사 주셨어.

🐰 빈칸에 들어갈 낱말은 무엇인지 말해 보세요.

□□가 참 부드럽구나!

🐰 빈칸에 들어갈 낱말은 무엇인지 말해 보세요.

아이스크림을 많이 먹어서
□□이 났어.

답 햇빛

해의 빛.
★ 해의 따뜻한 기운은 햇볕이라고 해.

답 축구

공을 발로 차서 골에 공을 많이 넣으면 이기는 경기.
★ 축구를 할 때 쓰는 공이 축구공이야.

답 활

화살을 끼워서 쏘는 도구.
★ 활을 쏘는 것을 활쏘기라고 해.

답 무지개

비가 그친 뒤 해의 반대쪽에 나타나는 반원 모양의 일곱 빛깔의 줄.
★ 한꺼번에 무지개가 두 개 생기면 쌍무지개라고 해.

답 과녁

활이나 총 따위를 쏠 때 표적으로 만들어 놓은 물건.
★ 표적은 목표로 삼는 물건이라는 뜻이야.

답 무기

전쟁이나 싸움에 사용되는 기구.
★ 핵을 이용한 무기가 핵무기야.

답 전구

전기의 힘으로 빛을 내어 밝게 비추는 동그란 모양의 기구.
★ 전구를 넣은 등을 전등이라고 해.

답 발명

전에 없던 것을 새로 만들어 냄.
★ 발명을 하는 사람을 발명가라고 해.

답 옷

몸을 보호하거나 꾸미기 위해 천으로 만들어 입는 것.
★ 옷을 의복이라고도 해.

답 실험

과학에서 연구나 조사를 위하여 실제로 해 보는 일.
★ 실험하는 방을 실험실이라고 해.

답 배탈

배가 아프거나 설사하는 병.
★ 배가 아픈 병은 배앓이라고도 해.

답 피부

몸의 겉을 싸고 있는 조직.
★ 사람의 피부는 살갗이라고도 해.

ERI 독해가 문해력이다

2단계 기본

낱 말 카 드

🐰 빈칸에 들어갈 낱말은 무엇인지 말해 보세요.

□에 벼가 누렇게 익었어.

🐰 빈칸에 들어갈 낱말은 무엇인지 말해 보세요.

농촌은 □에 나가서 일하는 사람이 많다.

🐰 빈칸에 들어갈 낱말은 무엇인지 말해 보세요.

제주도는 □□□로 유명하다.

🐰 빈칸에 들어갈 낱말은 무엇인지 말해 보세요.

개구리는 땅속에 들어가 □□□을 자요.

🐰 빈칸에 들어갈 낱말은 무엇인지 말해 보세요.

□□□가 나뭇잎을 먹어요.

🐰 빈칸에 들어갈 낱말은 무엇인지 말해 보세요.

가을이 되면 □□이 떨어진다.

🐰 빈칸에 들어갈 낱말은 무엇인지 말해 보세요.

오늘 우리 반 □□은 재미있었다.

🐰 빈칸에 들어갈 낱말은 무엇인지 말해 보세요.

내 생일날 아버지께서 □□을 보여 주셨어.

🐰 빈칸에 들어갈 낱말은 무엇인지 말해 보세요.

□□ 안에 사람이 한 명도 없네!

🐰 빈칸에 들어갈 낱말은 무엇인지 말해 보세요.

개미는 □속에 살아요.

🐰 빈칸에 들어갈 낱말은 무엇인지 말해 보세요.

□□는 둥글어요.

🐰 빈칸에 들어갈 낱말은 무엇인지 말해 보세요.

사과가 떨어지는 것은 □□ 때문이야.

논이나 밭으로 되어 있는
넓은 땅.
★ 비슷한 낱말은 들판, 벌이 있어.

답
들

물을 대 놓고 주로 벼농사를
짓는 땅.
★ 논과 밭을 함께 일러
논밭이라고 해.

답
논

동물이 겨울 동안 활동을 멈추
고 잠을 자듯이 지내는 것.
★ 겨울을 지내는 것을
겨울나기라고 해.

답
겨울잠

경치가 좋거나 유적 등이 있어
관광할 만한 곳.
★ 경복궁도 외국인이 많이 오는
관광지야.

답
관광지

말라서 떨어진 나뭇잎.
★ 바짝 마른 잎은
가랑잎이라고도 해.

답
낙엽

알에서 나온 뒤 아직 다
자라지 아니한 벌레.
★ 애벌레는 새끼벌레라고도 해.

답
애벌레

속임수 따위를 써서 놀라운 것
을 보여 주는 재주. 또는 그런
술법이나 구경거리.
★ 마술을 보여 주는 사람이
마술사야.

답
마술

배우가 무대 위에서 관객에게
연기를 보이는 예술.
★ 연극을 특별 활동으로 하는
모임이 연극반이야.

답
연극

지구에서 바다, 강 등 물이
흐르는 곳을 제외한 곳.
★ 땅을 육지라고도 해.

답
땅

연극이나 영화 상영 시설을
갖춘 곳.
★ 영화 상영하는 곳은
영화관이라고 해.

답
극장

지구 중심으로 물체를
잡아당기는 힘.
★ 중력이 없는 우주 공간은
무중력 상태야.

답
중력

우리가 살고 있는 별.
★ 지구에서 살고 있는 사람을
지구인이라고 해.

답
지구

받아쓰기

잘 듣고
받아쓰세요.

 글자 완성하기   들려주는 낱말을 잘 듣고 글자를 완성해 보세요.

1. 바

2. ㄱ 물

3. 날 ㄱ

4. 어 ㄲ

5. 욕 ㅁ

6. ㅈ 비

7. 철 국

8. 헝 거

9. 아 치 마

10. 동 ㄱ 라 미

낱말 받아쓰기   들려주는 낱말을 잘 듣고 받아쓰세요.

1.

2.

3.

4.

5.

6.

7.

8.

9.

10.

문장 완성하기   들려주는 문장을 잘 듣고 빈칸에 들어갈 말을 받아쓰세요.

1. 흥부를 ☐☐☐☐ ☐☐☐☐☐.

2. 박에서 ☐☐☐ ☐☐ 나왔어요.

3. 섬에 ☐ ☐☐☐ 살고 있었습니다.

4. 좋은 생각이라며 ☐☐ ☐☐☐☐☐.

5. 꿀벌은 ☐☐ ☐☐☐ 날아다니지요.

6. ☐☐ ☐☐☐☐ 춤을 추는 거예요.

7. 할머니께서 불러 주시던 ☐☐ ☐☐☐.

8. 노래에서 ☐☐☐☐ 나요.

9. ☐☐☐ ☐☐☐ 날 수 없는 걸까?

10. ☐☐ ☐☐ 연기를 채워 보자.

받아쓰기

잘 듣고
받아쓰세요.

 글자 완성하기   **들려주는 낱말을 잘 듣고 글자를 완성해 보세요.**

1. 개 | 벌

2. 낙 | 여

3. 눈 | 겅

4. 주 | ㅇ

5. 펴 | 리

6. 활 | ㅑ

7. ㄱ | 학 | 자

8. 집 | ㄱ | 발

9. ㄱ | 획 | 하 | 다

10. 안 | 타 | 까 | 다

낱말 받아쓰기   **들려주는 낱말을 잘 듣고 받아쓰세요.**

1.

2.

3.

4.

5.

6.

7.

8.

9.

10.

문장 완성하기 들려주는 문장을 잘 듣고 빈칸에 들어갈 말을 받아쓰세요.

1. 마음을 움직이는 말은 ☐☐ ☐ 것 같아요.

2. 친구와 공 ☐☐☐☐ ☐☐☐ 했어요.

3. 책을 ☐☐ ☐☐☐ 경우도 있었어요.

4. 글을 ☐☐ ☐ 있게 되었어요.

5. 내 ☐☐☐ ☐☐☐ 네모납니다.

6. 다리를 ☐☐☐ ☐☐ 걷습니다.

7. 디자인은 ☐☐☐☐ ☐☐☐ 말이에요.

8. 옷을 사러 간 ☐☐☐ ☐☐ 보세요.

9. ☐☐☐☐ ☐☐☐ 이야기가 있어요.

10. ☐☐☐ ☐ 반짝거리는 것이지요.

글자 완성하기 들려주는 낱말을 잘 듣고 글자를 완성해 보세요.

1. 가 ㅅ

2. 대 ㅎ

3. 몹 ㅣ

4. 벌 ㅓ

5. 창 바

6. 패 말

7. 비 방 울

8. 엉 ㅌ 리

9. 정 확 ㅣ

10. 한 가 운 ㄷ

낱말 받아쓰기 들려주는 낱말을 잘 듣고 받아쓰세요.

1.

2.

3.

4.

5.

6.

7.

8.

9.

10.

들려주는 문장을 잘 듣고 빈칸에 들어갈 말을 받아쓰세요.

1. 거인도 하루하루 ☐☐ ☐☐☐.

2. ☐☐☐ ☐☐ 활짝 열었어요.

3. 살던 ☐☐ ☐☐☐ 이사를 갔어요.

4. 땅이 바다보다 높은 섬으로 ☐☐ ☐☐ 해.

5. 어느새 비가 ☐ ☐☐☐☐.

6. 하늘에는 ☐☐☐ ☐☐☐☐.

7. 먼저 활을 쏘는 ☐☐☐ ☐☐☐☐.

8. 활을 ☐☐ ☐☐ 운동이에요.

9. ☐☐☐ ☐☐ 지낼 수 있어요.

10. 밤이 되어도 ☐☐☐ ☐☐☐.

받아쓰기

잘 듣고
받아쓰세요.

글자 완성하기 들려주는 낱말을 잘 듣고 글자를 완성해 보세요.

1. | ㅕ | 색 |
2. | 뉴 | ㅅ |
3. | 동 | ㅘ |
4. | 씨 | 아 |
5. | 열 | ㅁ |
6. | 축 | ㅈ |
7. | 까 | 마 | 게 |
8. | ㅇ | 벌 | 레 |
9. | 털 | ㅇ | 투 |
10. | 노 | 이 | 뛰 | 기 |

낱말 받아쓰기 들려주는 낱말을 잘 듣고 받아쓰세요.

1.
2.
3.
4.
5.
6.
7.
8.
9.
10.

들려주는 문장을 잘 듣고 빈칸에 들어갈 말을 받아쓰세요.

1. 더워도 ☐☐ ☐☐☐ 하는 거야.

2. 배를 ☐☐☐ ☐☐ 배탈이 나요.

3. 여러 가지 ☐☐☐ ☐☐☐☐ .

4. 지도를 보고 ☐☐ ☐☐☐☐ .

5. 가을 하늘은 ☐☐☐ ☐☐☐ .

6. 학교에서 우리는 ☐☐☐☐☐☐ ☐☐ .

7. 마침 ☐☐☐ ☐☐☐ 들었어요.

8. 온 ☐☐☐ ☐☐ 즐길 수 있어요.

9. ☐☐☐ ☐☐☐ 팔짝 뛰어올랐어요.

10. 지구가 ☐☐☐ ☐☐☐☐☐ .

찾아보기

『2단계 기본』에 수록된 기본 어휘와 속담, 관용 표현을 실었습니다.

기본 어휘 찾아보기

찾아보기

속담, 관용 표현 찾아보기

1회 제비가 가져다준 복

학습 체크 리스트

◐나 ✕ 스티커를 붙이세요

💡학습 계획일에 맞춰 꾸준히 문해력을 향상시켰나요?

💡글을 잘 듣고 소리 내어 읽어 보았나요?

💡주어진 문제는 이해하고 잘 풀었나요?

스스로 칭찬하는 말 한마디를 써 보세요.

2회 왜 서로 다른 일을 할까?

학습 체크 리스트

◐나 ✕ 스티커를 붙이세요

💡학습 계획일에 맞춰 꾸준히 문해력을 향상시켰나요?

💡글을 잘 듣고 소리 내어 읽어 보았나요?

💡주어진 문제는 이해하고 잘 풀었나요?

스스로 칭찬하는 말 한마디를 써 보세요.

3회 꿀벌의 춤

학습 체크 리스트

◐나 ✕ 스티커를 붙이세요

💡학습 계획일에 맞춰 꾸준히 문해력을 향상시켰나요?

💡글을 잘 듣고 소리 내어 읽어 보았나요?

💡주어진 문제는 이해하고 잘 풀었나요?

스스로 칭찬하는 말 한마디를 써 보세요.

4회 벌아 벌아 꿀 떠라

학습 체크 리스트

◐나 ✕ 스티커를 붙이세요

💡학습 계획일에 맞춰 꾸준히 문해력을 향상시켰나요?

💡글을 잘 듣고 소리 내어 읽어 보았나요?

💡주어진 문제는 이해하고 잘 풀었나요?

스스로 칭찬하는 말 한마디를 써 보세요.

5회 하늘을 나는 열기구

학습 체크 리스트

◐나 ✕ 스티커를 붙이세요

💡학습 계획일에 맞춰 꾸준히 문해력을 향상시켰나요?

💡글을 잘 듣고 소리 내어 읽어 보았나요?

💡주어진 문제는 이해하고 잘 풀었나요?

스스로 칭찬하는 말 한마디를 써 보세요.

2주차 나의 문해력을 키워요!

1회 말에는 힘이 있어요

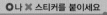○나 ✕ 스티커를 붙이세요

학습 체크 리스트

💡 학습 계획일에 맞춰 꾸준히 문해력을 향상시켰나요?

💡 글을 잘 듣고 소리 내어 읽어 보았나요?

💡 주어진 문제는 이해하고 잘 풀었나요?

스스로 칭찬하는 말 한마디를 써 보세요.

2회 우리글이 생겼어요!

○나 ✕ 스티커를 붙이세요

학습 체크 리스트

💡 학습 계획일에 맞춰 꾸준히 문해력을 향상시켰나요?

💡 글을 잘 듣고 소리 내어 읽어 보았나요?

💡 주어진 문제는 이해하고 잘 풀었나요?

스스로 칭찬하는 말 한마디를 써 보세요.

3회 갯벌은 우리 집

○나 ✕ 스티커를 붙이세요

학습 체크 리스트

💡 학습 계획일에 맞춰 꾸준히 문해력을 향상시켰나요?

💡 글을 잘 듣고 소리 내어 읽어 보았나요?

💡 주어진 문제는 이해하고 잘 풀었나요?

스스로 칭찬하는 말 한마디를 써 보세요.

4회 디자인이 뭐예요?

○나 ✕ 스티커를 붙이세요

학습 체크 리스트

💡 학습 계획일에 맞춰 꾸준히 문해력을 향상시켰나요?

💡 글을 잘 듣고 소리 내어 읽어 보았나요?

💡 주어진 문제는 이해하고 잘 풀었나요?

스스로 칭찬하는 말 한마디를 써 보세요.

5회 별은 왜 반짝반짝 빛날까?

○나 ✕ 스티커를 붙이세요

학습 체크 리스트

💡 학습 계획일에 맞춰 꾸준히 문해력을 향상시켰나요?

💡 글을 잘 듣고 소리 내어 읽어 보았나요?

💡 주어진 문제는 이해하고 잘 풀었나요?

스스로 칭찬하는 말 한마디를 써 보세요.

EBS

문·해·력·은 EBS

당신의 문해력

초등

ERI 독해가
문해력이다

2단계

기본

초등 2~3학년 권장

정답과 해설

한눈에 보는 정답
상세한 지문·문항 해설

ERI 독해가 문해력이다 2단계 기본

1주차 정답과 해설

한눈에 보는 답

1회 복 — 본문 15~16쪽

1 ④
2 복
3 재배가 가져다준 복
4 ④
5 ④
6 철새

2회 왜 서로 다른 일을 할까? — 본문 21~22쪽

1 ⑤
2 ④
3 (1) 옷 / 물고기 (2) 감자 / 물고기
　 (3) 옷 / 감자
4 그물
5 (2) ○
6

우유

 냉장고

3회 꽃벌의 춤 — 본문 27~28쪽

1 ⑤
2 ④
3 (2) ○ (3) ○
4 ④
5 흥듯흥듯
6

4회 뛰어 뛰어 꽃 따라 — 본문 33~34쪽

1 ②
2 ②
3 연달래 / 연달래
4 (3) ○
5 봄
6 개나리 / 아카시아

5회 하늘을 나는 열기구 — 본문 39~40쪽

1 (1) ○ (3) ○
2 위
3 뜨거운 / 공기
4 (예) 헬리콥터 / (예) 새 / (예) 나비
5

228

인문 | 문학

소리 내어 읽고
스티커를 붙여 보세요.

찾아 듣고
읽어 보세요.

제비가 가져다준 복

옛날 어느 마을에 욕심 많은 형 놀부와 마음씨 착한 동생 흥부가 살았어요.

부모님은 형 놀부에게 온 재산을 물려주셨어요. 하지만 욕심 많은 놀부는 추운 겨울날 흥부를 빈손으로 쫓아냈어요. 흥부는 마음 착한 사람들의 도움을 받아 겨우겨우 살아갈 수 있었지요.

따뜻한 봄이 되자, 흥부의 오두막집에 제비가 찾아왔어요. 제비는 둥지 안에 알을 낳았어요. 알을 깨고 나온 새끼 제비들이 지지배배 노래를 불렀어요.

그러던 어느 날, 새끼 제비 한 마리가 땅으로 떨어졌어요. 깜짝 놀란 흥부는 제비의 다친 곳을 정성껏 치료해 주었어요.

다음 해 봄이 되었어요. 제비 한 마리가 흥부네 집 마당에 박씨를 떨어뜨려 주었어요. 흥부는 박이 크게 자라기를 바라면서 밭에 박씨를 심었어요. 얼마 지나지 않아 흥부의 소원대로 박이 주렁주렁 열렸어요. 흥부는 가장 큰 박을 따서 먹으려고 했어요. 온 힘을 다해 박을 자르자 "쩍" 하고 박이 떨어졌어요. 박 속에서는 소리와 모양도 쩍 떨어졌어요. 큰 박 속에서 하얀 쌀밥이 쏟아져 나왔거든요. 마음씨 착한 흥부에게 제비가 복을 가져다준 것이지요.

EBS독해력 1 문해쏙키워요

14

글의 내용 이해하기

1 이 글의 내용으로 알맞지 않은 것은 무엇입니까? (　④　)

① 놀부는 추운 겨울날 흥부를 쫓아냈습니다.
② 부모님은 놀부에게 재산을 물려주셨습니다.
③ 봄이 되자 흥부네 집에 제비가 찾아왔습니다.
④ 흥부는 형 놀부에게 박씨를 가져다주었습니다.
⑤ 흥부가 바을 자르자 하얀 쌀밥이 쏟아져 나왔습니다.

해설 놀부는 동생 흥부를 빈손으로 내쫓았습니다. 흥부는 제비가 가져다준 박씨를 정성껏 길렀습니다.

낱말 뜻 이해하기

2 다음 글에서 밑줄 친 '이것'은 무엇입니까? 보기 에서 찾아 쓰세요.

흥부처럼 착하게 살면 나중에 좋은 일이 생기는 것을 이것 받았다고 말합니다.

보기
・ 벌 ・ 복 ・ 화

　　복　　

해설 평소에 어려운 사람을 도와주고 착하게 살아가는 사람은 나중에 반드시 좋은 일이 많이 생긴다고 합니다. 그럴 때 '복'을 받았다고 합니다. 또는 '복'이 들어왔다고도 합니다.

글의 내용 적용하기

3 이 글을 읽은 후 드는 생각을 바르게 말한 친구는 누구인지 모두 ○표 하세요.

해설 흥부는 가난하고 어렵고 어려운 상황에서도 착하게 살았습니다. 착한 마음으로 다친 제비를 정성껏 치료해 주었기 때문에 복을 받은 것입니다.

집 안에서 새를
잘 키워야 복을
받는 거야.

어려운 상황에서도
착하게 살아야 복을
받는 거야.

자신보다 힘없는 동물을
보살펴 주는 착한 마음을
가져야 복을 받는 거야.

(　)　　(　)　　(　)

흐리게 쓴 글자는 따라 쓰세요.

'알을 깨고 나온 제비 새끼.'에서의 '깨다'는 글자는 같은데 여러 가지 다른 뜻으로 쓰입니다. 정확한 뜻을 알아보고 따라 써 봅니다.

깨다
겹질을 부수고 세끼가 나오다.

알	을	깨	고		나	왔	다	.

깨다
여러 조각이 나게 하다.

창	문	을		깼	다	.

깨다
보내의 정신을 되찾다.

잠	에	서		깼	다	.

순우리말

아무것도 없는 상태를 뜻하는 '빈'에'에서 온 말인 '빈-'이 앞에 붙어 된 순우리말을 알아보고 따라 써 봅니다.

빈손 아무것도 가진 것이 없는 손.

빈	손		빈	손

빈집 사람이 살지 아니하는 집.

빈	집		빈	집

빈터 집이나 밭 따위가 없는 비어 있는 땅.

빈	터		빈	터

빈자리 사람이 앉자 아니하여 비어 있는 자리.

빈	자	리

세부 내용 이해하기

4 흥부부가 욕심이 많다는 것을 알 수 있게 한 일은 무엇입니까? (④)

① 제비가 박씨를 물어다 준 일
② 흥부네 집에 제비가 찾아온 일
③ 흥부가 동네 사람들의 도움을 받은 일
④ 주은 겨울날 흥부를 빈손으로 내쫓은 일
⑤ 부모님으로부터 동생을 잘 돌보라며 부탁받은 일

해설 흥부를 빈손으로 내쫓았다는 것은 동생에게 아무것도 주지 않고 쫓아냈다는 뜻입니다. 욕심 많은 흥부는 부모님에게서 재산을 혼자 차지하고 흥부에게는 아무것도 주지 않은 것입니다.

배경지식 활용하여 추론하기

5 이 글의 내용으로 보아 다음 빈칸에 들어갈 내용으로 알맞지 <u>않은</u> 것은 무엇입니까? (④)

제비가 물어다 준 박씨가 자라서 흥부네 집에는 큰 박이 주렁주렁 열렸습니다. 배가 고팠던 흥부는 고픈 배를 달래려고 박을 얼른 따으려고 했습니다. 그랬더니 자른 박에서 하얀 쌀밥이 쏟아져 나왔습니다. 배부르게 밥을 먹고 난 흥부는 또 다른 박을 자르기 시작했습니다. 그런데 이번에는 박 속에서 _____ 이/가 쏟아져 나왔습니다.

① 크고 넓은 집
② 깨끗하고 좋은 옷
③ 귀한 보석과 돈
④ 무섭고 성질 사나운 도깨비
⑤ 마을 사람들과 나누어 먹을 수 있는 떡

해설 착한 흥부에게 복을 가져다주는 박이므로 좋은 것들이 쏟아져 나올 것입니다. 무섭고 성질 사나운 도깨비는 박을 줄을 때 나오는 것이므로 알맞지 않습니다.

배경지식 활용하여 추론하기

6 '제비'와 같이 계절에 따라 옮겨 다니며 사는 새를 무엇이라고 하는지 쓰세요.

철	새

235 사회 | 역사

소리 내어 읽고 스티커를 붙여 보세요.

왜 서로 다른 일을 할까?

어떤 섬에 세 사람이 살고 있었습니다.

밭에서 감자를 심던 사람은 생각했습니다.
'난 감자를 잘 기를 수 있어. 하지만 물고기를 잡거나 옷을 만드는 일은 어려워. 내일은 물고기를 잡으러 가야 하는데 한 마리도 못 잡으면 어떡하지?'

나무 아래에서 실과 바늘로 옷을 만들던 사람도 생각했습니다.
'난 옷 만드는 일은 참 재미있어. 하지만 감자를 심거나 물고기를 잡는 일은 싫어. 내일은 감자를 심어야 해. 하루에 다 못 심으면 어떡하지?'

바다에서 그물로 물고기를 잡던 사람도 생각했습니다.
'난 누구보다 물고기를 잘 잡아. 하지만 옷을 만드는 일이나 감자를 심는 일은 잘 못해. 내일은 옷을 만들어야 하는데 또 잘못 만들면 어떡하지?'

세 사람은 일을 마치고 집으로 돌아가는 길에 만나서 이야기를 나누었습니다.
"난 감자를 기르는 일만 하고 싶어."
"난 다른 일보다 옷을 만드는 일이 좋아."
"난 물고기만 잡고 싶은걸."

그러자 오늘 감자를 심은 사람이 다른 두 사람에게 말했습니다.
"그럼 이제부터는 우리 각자 하고 싶은 일만 하자. 그리고 감자랑 옷이랑 물고기를 서로 필요한 만큼 바꾸는 거야. 어때?"

그 말을 듣고 다른 두 사람은 좋은 생각이라며 반게 웃었습니다.

정답과 해설

글의 내용 이해하기

1 이 글의 내용으로 알맞지 않은 것은 무엇입니까? (⑤)
① 세 사람은 같은 섬에 살고 있습니다.
② 감자를 심던 사람은 밭에서 일을 했습니다.
③ 물고기를 잡던 사람은 바다에서 일을 했습니다.
④ 실과 바늘로 옷을 만들던 사람은 나무 아래에서 일을 했습니다.
⑤ 세 사람은 아침 일찍 일하러 가다가 만나 이야기를 나누었습니다.
해설 세 사람은 각자 일을 마치고 집으로 돌아가는 길에 만나서 이야기를 나누었습니다.

세부 내용 이해하기

2 감자를 심던 사람은 어떤 걱정을 하고 있습니까? (④)
① 다른 두 사람과 싸울까 봐 걱정하고 있습니다.
② 집으로 돌아가지 못할까 봐 걱정하고 있습니다.
③ 내일 옷 만드는 일을 망칠까 봐 걱정하고 있습니다.
④ 내일 물고기를 한 마리도 못 잡을까 봐 걱정하고 있습니다.
⑤ 오늘 심은 감자에서 싹이 나지 않을까 봐 걱정하고 있습니다.
해설 감자를 심던 사람은 '내일은 물고기를 잡으러 가야 하는데 한 마리도 못 잡으면 어떡하지?'라고 생각했습니다.

글의 내용 적용하기

3 오늘 감자를 심은 사람이 말한 대로 한다면, 세 사람은 서로 필요한 것을 얻기 위해 무엇을 주고받아야 하는지 쓰세요.

(1) 감자를 잘 기르는 사람은 자기가 기른 감자를 주고 [옷] 와/과 [물 고 기] 을/를 받아야 합니다.

(2) 옷 만드는 것을 재미있어 하는 사람은 자기가 만든 옷을 주고 [물 고 기] 을/를 [감 자] 와/과 받아야 합니다.

(3) 물고기를 잘 잡는 사람은 자기가 잡은 물고기를 주고 [옷] 와/과 [감 자] 을/를 받아야 합니다.

해설 세 사람은 감자, 옷, 물고기 중 자기가 주는 것 한 가지 외에 나머지 두 가지를 받아야 합니다.

낱말을 쓸 때 잘못 쓰기 쉬운 낱말이 있습니다. 바르게 쓴 낱말을 잘 보고 따라 써 봅니다.

잘못 쓰기 쉬운 말

낱말을 쓸 때 잘못 쓰기 쉬운 낱말이 있습니다. 바르게 써 봅니다.

◎	✕		
밭	받	밭	밭
그물	구물	그 물	그 물
밝게	발게	밝 게	밝 게
끝내다	끈내다	끝 내 다	끝 내 다

어휘 실짜우기

'감자를 기르는 일', '물고기를 잡는 일'과 관련 있는 낱말을 따라 써 봅니다.

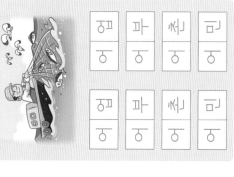

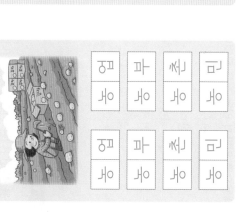

---

4 바다에서 물고기를 잡던 사람이 사용한 도구는 무엇인지 맞는 것에 ○표 하세요.

바다에서 (호미 / 바늘 / 그물)로 물고기를 잡았습니다.

> 해설 '호미'는 농사를 지을 때, '바늘'은 옷이나 천을 꿰매거나 만들 때 사용하는 물건입니다.

5 다음 글을 읽고 빈칸에 들어갈 내용으로 알맞은 것에 ○표 하세요.

오늘 감자를 삶은 사람은 누구보다 감자를 잘 기를 수 있습니다. 오늘 웃음을 만드는 사람은 누구보다 즐거운 마음으로 웃음을 만들 수 있습니다. 그리고 오늘 물고기를 잡은 사람은 누구보다 물고기를 잘 잡을 수 있습니다. 세 사람이 앞으로 항상 즐겁게 일하면서도 자기가 필요한 것을 얻으려면

(1) 혼자서 세 가지 일 모두를 직접 하는 것이 좋습니다. ( )

(2) 각자 잘하는 일을 하고 서로 필요한 만큼 바꾸는 것이 좋습니다. (○)

> 해설 집으로 돌아오는 길에 만난 세 사람은 이제부터는 각자 하고 싶은 일을 하고 서로 필요한 것을 필요한 만큼 바꾸자고 약속했습니다.

6 스티커 다음 두 사람은 서로 다른 일을 합니다. 두 사람이 만든 물건의 이름을 쓰고, 어떤 일을 하는 사람인지 스티커에서 찾아 붙여 보세요.

> 해설 목장에서 젖소를 키우는 사람은 우유를 만들고, 공장에서 일하는 사람은 냉장고를 만듭니다.

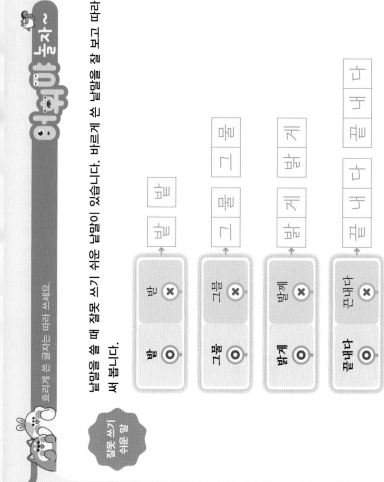

냉 장 고

우 유

ERI 지수 234
과학 | 자연

소리 내어 읽고 스티커를 붙여 보세요.

잘 듣고 읽어 보세요.

꿀벌의 춤

우리는 꿀벌을 언제 볼 수 있을까요?

꿀벌은 봄이 되면 자주 볼 수 있어요.

꿀벌은 작은 날개로 꽃들 사이를 부지런히 날아다니거든요.

꿀벌이 꽃을 찾아다니는 이유는 꿀을 모으기 위해서예요.

꿀벌은 꽃에서 모은 꿀을 벌집*에 저장해요.

그리고 꿀벌은 꿀을 찾으면 재미있는 일을 해요.

꿀 찾자마자 꿀벌은 춤을 추는 거예요.

꿀을 찾은 꿀벌은 하늘에 동그라미를 그리며 나는 춤을 춰요.

또 흔들흔들* 몸을 움직이는 춤을 추기도 해요.

그런데 꿀벌은 왜 춤을 출까요?

바로 다른 꿀벌들에게 꿀이 있는 곳을 알려 주기 위해서예요.

춤을 추는 꿀벌을 보고, 다른 꿀벌들이 꿀을 찾으러 오지요.

또, 꿀벌은 새로운 집을 찾은 다음에도 춤을 춰요.

춤을 춰서 새집이 어디에 있는지 다른 꿀벌들에게 알려 준답니다.

우리가 말로 이야기하듯이 꿀벌은 춤으로 이야기하는 거예요.

*벌집: 벌이 알을 낳고 먹이와 꿀을 저장하며 생활하는 집.
*흔들흔들: 자꾸 이리저리 흔들리거나 흔들리게 하는 모양.

글의 내용 이해하기

1 이 글의 내용으로 알맞지 않은 것은 무엇입니까? (⑤)

① 꿀벌은 꿀을 모읍니다.
② 꿀벌은 부지런히 날아다닙니다.
③ 꿀벌은 꿀을 벌집에 저장합니다.
④ 꿀벌은 춤으로 이야기를 합니다.
⑤ 꿀벌은 겨울에 자주 볼 수 있습니다.

해설 꿀벌은 봄에 자주 볼 수 있습니다.

세부 내용 이해하기

2 꿀벌이 꿀을 찾아다니는 이유는 무엇입니까? (④)

① 춤을 추기 위해서
② 집을 찾기 위해서
③ 짝을 찾기 위해서
④ 꿀을 모으기 위해서
⑤ 새집을 찾기 위해서

해설 꿀벌은 꿀을 모으기 위해서 꿀을 찾아다닙니다. 꿀을 추기 위해 꿀을 찾아다니는 것은 아닙니다.

세부 내용 이해하기

3 꿀벌이 춤을 추는 이유를 바르게 설명한 친구에 모두 ○표 하세요.

(1) 잠을 자고 있는 꿀벌을 깨우려고 춤을 추는 거야.

(2) 꿀이 있는 곳을 다른 꿀벌들에게 알려 주려고 춤을 추는 거야.

(3) 새로 찾은 집은 꿀벌들에게 다른 꿀벌들에게 알려 주려고 춤을 추는 거야.

해설 꿀벌은 다른 꿀벌들에게 꿀이 있는 곳을 찾아다닙니다. 꿀이 있는 곳을 알려 주거나 새로 찾은 집이 어디 있는지 알려 주려고 춤을 춥니다.

흐리게 쓴 글자는 따라 쓰세요.

어휘 살찌우기

'꿀'이 들어간 낱말들을 읽어보고 따라 써 봅니다.

꿀물 꿀을 탄 물.
꿀 물   꿀 물   꿀 물

꿀떡 꿀이나 설탕을 넣어 만든 떡.
꿀 떡   꿀 떡   꿀 떡

꿀통 꿀을 담는 통.
꿀 통   꿀 통   꿀 통

꿀단지 꿀을 담아 두는 작은 항아리.
꿀 단 지   꿀 단 지

도움말 예전부터 사람들은 꿀을 '하늘에서 내리는 이슬', '신들이 먹는 식량'이라 부르며 귀하게 여겼습니다.

재미있는 속담 익히기

꿀 먹은 벙어리

저는 아니에요.
꿀을 누가 다 먹었지?

마땅히 무슨 말이든 해야 하는 데도 하지 못하거나, 사실을 알면 서도 말을 못할 때 '꿀 먹은 벙어 리'라는 말을 쓰기 시작했어요. 속에 있는 생각을 겉으로 나타 내지 못하는 사람을 두고 비롯조 로 이르는 말이지요.

속담을 따라 써 봅니다.
꿀 먹 은 벙 어 리

세부 내용 이해하기

4 꿀벌이 춤을 추는 모양을 가장 잘 설명한 것은 무엇입니까? (④)

① 다리를 쭉 펴고 춤을 춥니다.
② 날개를 늘어뜨리고 춤을 춥니다.
③ 땅에서 뛰어오르며 춤을 춥니다.
④ 흔드흔드 몸을 움직이며 춤을 춥니다.
⑤ 하늘에 별 모양을 그리면서 춤을 춥니다.

해설 꿀벌은 하늘에 동그라미를 그리며 춤을 추거나 흔드흔드 몸을 움직이며 춤을 춥니다.

낱말 뜻 이해하기

5 빈칸에 들어갈 알맞은 말을 보기 에서 찾아 쓰세요.

보기
· 말랑말랑   · 흔드흔드   · 모락모락

바람이 불자 나뭇잎이 [흔드흔드] 춤을 춥니다.

해설 '흔드흔드'는 자주 이리저리 흔들리거나 흔들리게 하는 모양을 말합니다. '말랑말랑'은 보드랍고 연 한 느낌을 말하고, '모락모락'은 김이나 연기가 조금씩 피어오르는 모양을 말합니다.

배경지식 활용하여 추론하기

6 다음 일을 하는 꿀벌은 어떤 꿀벌인지 쓰고, 스티커에서 찾아 붙여 보세요.

스티커 해설 벌집 하나에는 알을 낳을 수 있는 여왕벌 한 마리와 꿀을 모아 오는 많 은 수의 일벌이 살고 있습니다.

나는 꿀을 모아 오는 일을 하지.
나는 알을 낳을 수 있는 별이야.

일벌
여왕벌

예술 | 문화

ERI지수 276

소리 내어 읽고 스티커를 붙여 보세요.

잘 듣고 읽어 보세요.

별아 별아 꿀 따라

별아 별아 꿀 따라
별아 별아 꿀 따라
찾아서 꿀을 따며라
연달래* 꽃 줄까
연달래 꽃 줄까
지게달래* 꽃 줄까
지게달래 꽃 줄까
진달래

이게 무슨 소리일까요? 지우는 밖에서 들려오는 노랫소리에 잠이 깼습니

다. 눈을 비비며 거실로 나와 보니 엄마께서 지우를 보고 웃고 계십니다.

"우리 딸 일어났니?"
가족이 모여서 생활하는 공간
"노랫소리가 들려서 깼어요."

"네가 학교 가기 전에 아침마다 노래 한 곡씩 들려주려고 틀었단다."

"처음 듣는 노래인데요?"

"엄마가 어렸을 때 할머니께서 불러 주시던 전래 동요야."
예로부터 전하여 내려온 동요.

"노래에서 봄 냄새가 나요."
진달래, 붉은색 모두 봄에 피는 꽃임
"지우가 노래를 잘 이해했구나. 옛날에는 아이들이 봄이면 진달래와 청쪽을
지게달래
꺾어 꽃으로 방망이를 만들고 했어. 이 노래는 꽃으로 만든 방망이를 돌리
연달래
면서 부르던 노래란다."
중얼중얼 노래한다
꽃답게 세어있습니다
전래 동요가 참 흥겹습니다. 지우는 노래를 따라 부르며 자기도 모르게 어

깨를 들썩입니다.

*연달래: 철쭉을 부르는 또 다른 이름.
*지게달래: 진달래를 부르는 또 다른 이름.

글의 내용 이해하기

1 이 글에서는 누구와 누가 대화를 나누고 있습니까? (②)

① 아빠와 딸
② 엄마와 딸
③ 엄마와 아들
④ 할머니와 손녀
⑤ 할머니와 엄마

해설 이 글이 엄마는 지우를 통해 "우리 딸 일어났니?"와 같이 말하고 있습니다. 따라서 이 글에서는 엄마와 딸이 대화를 나누고 있음을 알 수 있습니다.

세부 내용 이해하기

2 지우는 엄마가 들려주는 전래 동요를 듣고 어떤 마음이 들었습니까? (②)

① 슬픈 마음
② 즐거운 마음
③ 무서운 마음
④ 불안한 마음
⑤ 섭섭한 마음

해설 지우는 노래를 따라 부르며 어깨를 들썩이면서 흥겨워하고 있습니다.

낱말 뜻 이해하기

3 빈칸에 공통으로 들어갈 알맞은 말을 이 글에서 찾아 쓰세요.

엄마가 지우에게 들려준 전래 동요에서 '지게
달래'는 진달래, | 연 | 달 | 래 |는 철쭉입니다.
다. 철쭉은 진달래가 핀 후 연달아서 핀다고 해서

| 연 | 달 | 래 |라고 부릅니다.

해설 철쭉을 부르는 또 다른 이름은 '연달래'입니다.

어휘 익히기

'꿈 떠라'에서의 '뜨다'는 글자는 같은데 뜻이 다른 낱말로 쓰입니다. 낱말의 뜻을 잘 보고 따라 써 봅니다.

어휘 살찌우기

뜨다
해, 달, 별 등이 솟아 오르다.

달	이	뜨	다

뜨다
가루나 물 따위를 푸다.

꿀	을	뜨	다

뜨다
감은 눈을 열다.

눈	을	뜨	다

한자어

한자 '童(아이 동)'이 들어간 낱말을 소리 내어 읽고 따라 써 봅니다.

동화
어린이를 위하여 지은 이야기.

동	화

동요
어린이를 위하여 지은 노래.

동	요

동심
어린이의 마음.

동	심

동시
어린이를 대상으로 지은 시.

동	시

세부 내용

핵심 내용 이해하기

4. '별아 별아 꿈 떠라'는 아이들이 누구를 향해 부른 노래입니까? 알맞은 것에 ○표 하세요.

(1) 연달래를 향해 부른 노래입니다.
(2) 시계달래를 향해 부른 노래입니다.
(3) 별을 향해 부른 노래입니다.

해설 아이들이 '별'에게 꿈을 뜨라고 시키는 내용을 노래합니다.

배경지식 활용하여 추론하기

5. 이 글의 전래 동요 '별아 별아 꿈 떠라'를 따라 부르면 어떤 계절이 떠오르나요? 알맞은 것에 ○표 하세요.

봄   여름   가을   겨울

해설 전래 동요 '별아 별아 꿈 떠라'는 봄에 진달래와 철쭉을 꺾어 만든 꽃방앙이를 돌리면서 부른 노래라고 엄마께서 일러 주셨습니다.

내용 이해하고 활동하기

6. 전래 동요의 가사를 바꾸어 부르기 놀이를 해 봅니다. 밑줄 친 꽃 대신 빈칸에 들어갈 알맞은 꽃 이름을 쓰고 따라 불러 보세요.

별아 별아 꿈 떠라
연달래 꽃 줄까
시계달래 꽃 줄까

별아 별아 꿈 떠라

개	나	리		꽃 줄까

아	카	시	아	꽃 줄까

해설 밝은 꽃에서 꿈을 떠다. 그러므로 빈칸에는 개나리, 아카시아, 나팔꽃 등 다양한 꽃 이름을 넣어 전래 동요의 가사를 바꿀 수 있습니다. 꼭 봄에 피는 꽃이 아니어도 됩니다.

216
STEAM

소리 내어 읽고 스티커를 붙여 보세요.

잘 듣고 읽어 보세요.

하늘을 나는 열기구

'사람은 새처럼 날 수 없는 걸까?'

프랑스의 몽골피에 형제들은 하늘을 날고 싶어 했습니다.

어느 날, 형 조제프는 아내의 앞치마가 부풀어 오르는 것을 보았습니다.

'따뜻한 난로 옆에서 앞치마가 부풀어 오르네!'

'그럼, 불을 피워 연기를 주머니 안에 채워 보자. 따뜻한 공기는 가벼우니까 주머니가 위로 떠오를 거야. 그럼 하늘을 날 수 있지 않을까?'

조제프는 동생을 찾아가서 자기의 생각을 이야기했습니다.

몽골피에 형제는 먼저 커다란 주머니를 만들었습니다. 그리고 볼 안쪽으로 커다란 주머니를 만들었습니다. 그리고 볼 안쪽에서 뜨거운 공기가 들어가도록 하였습니다. 그러자 주머니가 붕붕 떠오르기 시작했습니다. 하지만 하늘을 날지는 못했습니다.

몽골피에 형제는 계속 노력한 끝에 닭, 오리, 양을 실은 열기구가 베르사유 궁전 위를 8분 동안 날게 하는 데 성공하였습니다. 그리고 1783년 11월 21일에 최초로 사람을 태운 열기구가 하늘을 나는 데 성공했습니다.

열기구는 어떻게 하늘을 날 수 있었을까요? 바로 커다란 주머니 안에 뜨거운 공기를 넣는 것에 있었습니다. 주변의 공기보다 뜨거운 공기는 가벼워 위로 떠오를 수 있기 때문입니다.

이런 원리를 이용하여 지금은 훨씬 높이, 더 오래 열기구를 타고 하늘을 날 수 있습니다.

*형질: 웃음 만드는 천 등의 조각.

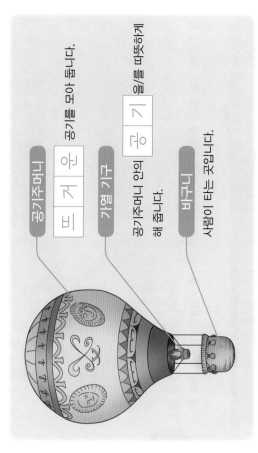

정답과 해설

10

글의 내용 이해하기

1 이 글의 내용으로 알맞은 것에 모두 ○표 하세요.

(1) 열기구를 만든 사람은 몽골피에 형제입니다. ( )

(2) 먼저 형 조제프가 열기구를 타고 하늘을 나는 데 성공했습니다. ( )

(3) 열기구의 공기주머니에 뜨거운 공기를 넣으면 위로 올라갑니다. ( )

해설 몽골피에 형제는 형제는 사람을 태우기 전에 먼저 닭, 오리, 양을 실은 열기구를 타워에 비행하는 데 성공했습니다.

세부 내용 이해하기

2 열기구가 하늘을 날 수 있는 이유로 옳은 것에 ○표 하세요.

열기구는 주위의 공기보다 온도가 뜨거운 공기는 (위 / 아래)로 이동하는 성질을 이용하여 만든 기구입니다.

해설 열기구는 뜨거운 공기가 찬 공기보다 가볍다는 원리를 이용하여 만들었습니다. 공기주머니 안에 뜨거운 공기를 가득 채우면 위로 올라간다는 뜨거운 공기 때문에 열기구가 하늘을 떠오르는 것입니다.

글의 내용 적용하기

3 열기구는 어떻게 이루어져 있는지 보고, 빈칸에 들어갈 알맞은 말을 쓰세요.

해설 '가열 기구'는 물속에 열을 보태 주는 기구입니다. 열기구가 하늘에 계속 떠 있으려면 가열 기구를 이용해 공기주머니에 뜨거운 공기를 계속 넣어 주어야 합니다.

공기주머니
뜨 거 운
공기를 모아 둡니다.

가열 기구
공기주머니 안의
공 기 을/를 따뜻하게
해 줍니다.

바구니
사람이 타는 곳입니다.

흐리게 쓴 글자는 따라 쓰세요.

순우리말

그림 속 낱말을 따라 써 봅니다.

하늘
하늘

땅
땅

별
별

'하늘, 별, 땅'이 들어간 순우리말을 읽어보고, 따라 써 봅니다.

하늘 → 하늘, 밤하늘
별 → 별, 별똥별
땅 → 땅, 땅바닥

밤하늘
어두운 밤의 하늘.

별똥별
먼 하늘의 먼지 덩어리가 지구로 떨어지면서 공기와 부딪쳐 내는 빛.

땅바닥
아무것도 깔지 않은 땅의 바닥.

한자어

한자어를 소리 내어 읽고, 따라 써 봅니다.

우주
집 우 宇 + 집 주 宙

지구를 포함한 모든 별이 있는 끝없이 넓은 곳.

우주선
宇 집 우 + 宙 집 주 + 船 배 선

우주인
宇 집 우 + 宙 집 주 + 人 사람 인

宇 집 우
宙 집 주

---

4 하늘을 나는 것에는 무엇이 있는지 떠올려 써 보세요.

하늘을 나는 것

(예) 새

(예) 나비

비행기

(예) 헬리콥터

해설 우리 주변에서 하늘을 나는 물건이나 동물을 생각해 봅니다. 소원을 받기 위해 하늘로 날리는 '풍등'도 있고, 타고 이동할 수 있는 '비행기, 헬리콥터' 등도 있고, '새, 나비, 잠자리' 등 여러 가지가 있습니다.

내용 이해하고 활동하기

5 다음 열기구를 여러분만의 열기구로 예쁘게 꾸며 보세요.

해설 자기가 타고 싶은 열기구를 상상해서 멋지게 꾸며 봅니다. 원숭이나 북극곰 등의 모양도 좋고, 우주 여행이나 우주 생성의 세계로 가기 위한 아이디어로 좋습니다.

한눈에 보는 답

 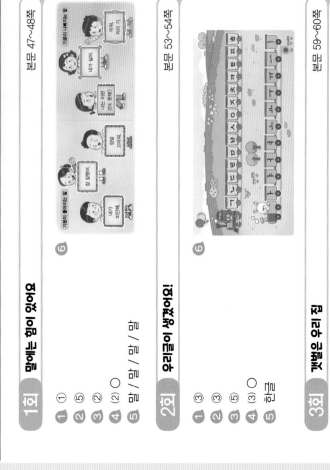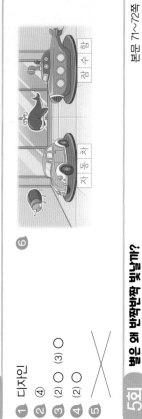

ERI 독해가
문해력이다
기본 2단계
2주차 정답과 해설

말에는 힘이 있어요

소리 내어 읽고 스티커를 붙여 보세요.

학교 가는 길에 낙엽을 쓸고 계시는 아저씨를 보았어요.

"깨끗하게 해 주셔서 감사합니다." 하고 인사했어요.

"고맙다. 학교 잘 다녀와." 라고 해 주셨어요.

감사한 마음을 전했더니 기분 좋은 일이 돌아온 거예요.

학교에서 친구와 공 주고받기 놀이를 했어요. 내가 자꾸 자꾸 실수를 해서 친구
가 공을 주으러 다녔어요.

"공을 잘 던지지 못해서 미안해." 하고 사과했더니,

"괜찮아. 다음에 잘 던지면 되지." 라고 말해 주었어요.

㉠ 움츠렸던 마음이 나팔꽃처럼 활짝 피어나는 것 같았어요.

집에 왔더니 동생이 뛰어나와 "보고 싶었어." 라며 반겨 주었어요. 그 말을
듣자 동생이 더욱 사랑스럽게 느껴졌어요.

한번은 이런 일이 있었어요. 앞서가던 친구의 가방에서 필통이 떨어져서 주
워 주었어요. 그런데 친구는 필통을 받아서 아무 말 없이 그냥 가 버렸어요.

그때 나는 괜히 주워 주었다는 생각을 했어요. 고맙다는 말을 해 주었다면
그런 마음이 들지 않았을 거예요.

말은 내 마음을 착하게 만들기도 하고, 나쁘게 만들기도 해요. 마음을 움직
이는 말은 정말 힘이 센 것 같아요.

글의 내용 이해하기

1 이 글의 내용으로 알맞지 <u>않은</u> 것은 무엇입니까? (①)

① '나'는 무슨 일이 있더라도 고맙다는 말만 합니다.

② 동생이 '나'에게 보고 싶었다는 말을 해 주었습니다.

③ '나'는 길거리를 청소하시는 아저씨의 말을 했습니다.

④ 필통을 받은 친구가 '나'에게 고맙다는 말을 하지 않아서 속상했습니다.

⑤ '나'는 친구와 공놀이를 하면서 실수를 많이 해서 미안하다고 말했습니다.

해설 '나'는 감사한 상황에서는 '감사하다'는 말을 하고, 미안한 경우에는 '미안하다'는 말을 했습니다.

세부 내용 이해하기

2 '나'가 친구의 필통을 괜히 주워 주었다고 생각한 까닭은 무엇입니까? (⑤)

① 친구가 필통을 '나'에게 던져서

② 친구가 '나'에게 괜찮다고 말해서

③ 필통 때문에 그 친구와 다투게 되어서

④ 주워 준 필통을 친구가 다시 잃어버려서

⑤ 필통을 주워 주었는데도 친구가 아무 말도 없이 가 버려서

해설 친구의 필통을 주워 주었을 때 친구가 고맙다는 말을 해 주었으면 좋을 것이라고 했습니다.

글의 내용 적용하기

3 친구가 '나'에게 다음과 같은 행동을 했을 때, '나'가 친구에게 할 수 있는 말로 알맞
은 것은 무엇입니까? (②)

연필을 떨어뜨렸구나.
자, 여기.

① "미안해."

② "고마워."

③ "괜찮아."

④ "무서워."

⑤ "보고 싶었어."

해설 떨어진 연필을 주워 준 친구에게는 고맙다는 말을 하는 것이 알맞습니다.

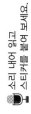

세부 내용 이해하기

4 ㉠과 같은 마음이 든 것은 친구가 무엇이라고 말해 주었기 때문인지 알맞은 것에 ○표 하세요.

(1) 공을 잘 던지지 못해서 미안해. ( )

(2) 괜찮아. 다음에 잘 던지면 되지. ( )

해설 ㉠과 같은 마음이 든 것은 친구의 말 덕분입니다. 친구가 내 실수를 탓하지 않고 "괜찮아. 다음에 잘 던지면 되지."라고 격려의 말을 해 주었기 때문입니다.

글의 내용 적용하기

5 빈칸에 공통으로 들어갈 알맞은 말을 이 글에서 찾아 쓰세요.

고마운 마음을 전하니 기분 좋은 [말] 이/가 돌아옵니다.

미안한 마음을 전하니 나는 [말] 이/가 돌아옵니다.

도움을 주었지만 고맙다는 [말] 을/를 하지 않으니 나쁜 마음이 듭니다.

[말] 은/는 내 마음을 좌우하게도 하고 나쁘게도 합니다.

해설 이 글의 해심어는 '말'입니다. 말에는 힘이 있다고 있다는 것은 어떤 말을 주고받느냐에 따라 사람의 마음을 좋게도 만들고 나쁘게도 만든다는 힘이 있다는 것입니다. 다른 사람의 기분을 상하게 하는 말보다는 기분이 좋아지게 하는 말을 하는 것이 좋습니다.

배경지식 활용하여 활동하기

6 아이가 듣고 있는 방석에 기분이 좋아지는 말과 기분이 나빠지는 말을 스티커에서 찾아 붙여 보세요.

기분이 좋아지는 말 / 기분이 나빠지는 말

어휘야 놀자~

흐리게 쓴 글자는 따라 쓰세요.

낱말을 쓸 때 잘못 쓰기 쉬운 낱말이 있습니다. 바르게 쓴 낱말을 잘 보고 따라 써 봅니다.

잘못 쓰기 쉬운 말

낙엽 ⭕	낙엽 ❌	→ 낙 엽
실수 ⭕	실쑤 ❌	→ 실 수
주위 ⭕	주서 ❌	→ 주 위
괜히 ⭕	괜힌 ❌	→ 괜 히

재미있는 속담 익히기

가는 말이 고와야 오는 말이 곱다

'가는 말이 고와야 오는 말이 곱다'는 내가 먼저 남에게 고운 말을 써야 남도 나에게 고운 말로 대답해 준다는 말이에요.
내가 남에게 말이나 행동을 좋게 해야 남도 나에게 말이나 행동을 좋게 한다는 뜻의 속담이지요.

속담을 따라 써 봅니다.

| 가 | 는 | 말 | 이 | 고 | 와 | 야 | 오 | 는 |
| 말 | 이 | 곱 | 다 | | | | | |

소리 내어 읽고 스티커를 붙여 보세요.

잘 듣고 읽어 보세요.

우리글이 생겼어요!

세종 대왕은 어려서부터 책을 무척 좋아했어요. 병에 걸려 아파도 책을 읽으려고 했어요. 그래서 아버지께 책을 모두 빼앗긴 일도 있었어요.
(건강이 나빠진 상태)

스물*두 살에 세종 대왕은 왕이 되었어요. 당시에는 우리말을 적을 글자가 없었어요. 그래서 백성들은 중국의 한자를 사용해야 했어요. 하지만 한자는 백성들에게 너무 어려웠어요.
(가슴이 아프고 답답하게 여김)
(우리나라 사람의 말)
(말을 적는 부호)

"우리나라 말이 중국 말과 달라서 한자로는 서로 통하지 않으니……"

생각 끝에 세종 대왕은 새로운 글자를 만들기 시작했어요. 세종 대왕은 쉬지 않고 글자를 만들었어요. 그러다 결국 눈병에 걸렸어요. ㉠신하들이 걱정하자 세종 대왕은 이렇게 말했어요.
(눈에 생긴 병)

"㉡백성들을 위한 글자가 만들어진다면 내 눈은 멀어도 괜찮소."
(임금을 섬기는 벼슬아치)

마침내 1443년에 새로운 글자인 '한글'을 만들었어요. 이때부터 백성들은 누구나 쉽게 글을 배우고 읽을 수 있게 되었어요.
(우리글. 우리나라의 글자)

*스물: 열의 두 배가 되는 수. 20.

글의 내용 이해하기

1 이 글의 내용으로 알맞지 않은 것은 무엇입니까? (③)

① 세종 대왕은 새로운 글자를 만들었습니다.
② 세종 대왕은 어려서부터 책을 좋아했습니다.
③ 우리나라 말과 중국 말은 비슷해서 서로 잘 통했습니다.
④ 세종 대왕은 백성들이 글을 모르는 것이 안타까워있습니다.
⑤ 우리 글자가 없을 때 백성들은 중국 한자를 사용했습니다.

해설 중국의 한자를 사용하던 당시에는 우리나라 말이 중국 말과 달라서 한자로는 서로 통하지 않았습니다.

세부 내용 이해하기

2 세종 대왕은 몇 살에 왕이 되었습니까? (③)

① 20세   ② 21세   ③ 22세
④ 31세   ⑤ 32세

해설 세종 대왕은 스물두 살에 왕이 되었습니다. 스물두 살은 22세를 말합니다. 31세는 '서른한 살', 32세는 '서른두 살'을 말합니다.

세부 내용 이해하기

3 세종 대왕이 한글을 만든 까닭은 무엇입니까? (⑤)

① 한자로 된 책을 읽기 어려워서
② 왕의 힘을 키워 배성들에게 자랑하려고
③ 쉬운 글자로 중국 사람들을 놀래 주려고
④ 다른 나라와 우리글로 편지를 주고받기 위해서
⑤ 백성들 누구나 쉽게 글을 배우고 읽을 수 있게 하기 위해서

해설 백성들은 중국의 한자를 어려워했습니다. 읽지도 못하고 쓰지도 못했습니다. 그래서 세종 대왕은 이를 안타까워하며 우리글인 한글을 만들었습니다.

어휘야 놀자~

흐리게 쓴 글자는 따라 쓰세요.

어휘 살찌우기

글자는 같은데 뜻이 다른 낱말들을 알아보고 따라 써 봅니다.

나는 물 담는 병, 나는 수스 담는 병!

눈병이 났어. 병원에 가야 해.

병

'병'은 '몸에 이상이 생겨 건강이 나빠진 상태.'를 뜻하기도 하고, '무료 몸이나 가루를 담는 데에 쓰는 목이 길고 좁은 그릇.'을 뜻하기도 합니다.

병
병

도움말: 음료를 담는 일회용병으로, 가볍고 깨지지 않는 병은 페트병입니다.

재미있는 속담 익히기

병 주고 약 준다

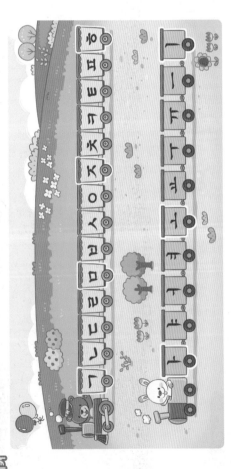

병 주고 약 주니?
어쩌, 내가 도와줄게.
네가 다 정리해.
어쩌가 그랬어요.

'병 주고 약 준다'는 병을 나게 해 놓고 약을 주는 준다는 말로, 손해를 입혀 놓고 달래거나 돕는 체한다는 말이지요. 겉으로는 부드러워 보이나 사람을 제멋대로 이용하는 사람에게 자주 쓰입니다.

속담을 따라 써 봅니다.

병	주	고	약	준	다

세부 내용 이해하기

4 ㉠에서 신하들은 무엇을 걱정한 것인지 바르게 말한 친구에 ○표 하세요.

(1)

세종 대왕이 아버지께 꾸중을 다 빼앗길까 봐 걱정한 거야.

(2)

우리나라가 글자를 만들면 중국이 싫어할까 봐 걱정한 거야.

(3)

세종 대왕이 밤낮으로 쉬지 않고 글자를 만들다 눈병에 걸린 것을 걱정한 거야.

해설: 세종 대왕은 쉬지 않고 글자를 만들다 결국 눈병에 걸렸고, 신하들은 이를 걱정한 것입니다.

세부 내용 이해하기

5 세종 대왕이 만든 ㉡은 무엇인지 이 글에서 찾아 쓰세요.

한	글

해설: 1443년 세종 대왕이 만든 새로운 글자는 '한글'입니다.

배경지식 활용하여 추론하기

6 자음자판과 모음자판에 비어 있는 자음자와 모음자를 찾아 자음자를 스티커에서 찾아 붙여 보세요.

해설: 우리가 쓰는 한글의 자음은 14개(ㄱ, ㄴ, ㄷ, ㄹ, ㅁ, ㅂ, ㅅ, ㅇ, ㅈ, ㅊ, ㅋ, ㅌ, ㅍ, ㅎ)와 모음 10개(ㅏ, ㅑ, ㅓ, ㅕ, ㅗ, ㅛ, ㅜ, ㅠ, ㅡ, ㅣ)로 이루어져 있습니다.

소리 내어 읽고
스티커를 붙여 보세요.

찰듣고
읽어 보세요.

갯벌은 우리 집

내 이름은 칠게입니다. 나는 아주 작은 게입니다. 나는 집게발 두 개와 다리 여덟 개를 갖고 있습니다. 내 몸통은 납작하고 네모납니다.

나는 갯벌에 삽니다. 갯벌은 바닷물이 밀려 나가면 보이는 넓고 평평한 땅입니다. 갯벌은 젖은 흙으로 되어 있습니다.

갯벌에는 나를 잡아먹는 새가 있습니다. 새를 피하기 위해서 나는 갯벌에 구멍을 파고 싶습니다. 나는 구멍 안에서 긴 눈을 내밀어 밖을 봅니다. 새가 없으면 나는 구멍 밖으로 나옵니다.

나는 다리를 뻗치고 옆으로 걷습니다. 그리고 갯벌의 진흙*을 먹습니다. 나는 갯벌에서 햇볕을 쬐기도* 합니다.

갯벌에는 내 친구가 많습니다. 나와 생긴 모양이 다른 게도 있고, 가재도 있고, 지렁이도 있습니다. 낙지와 불가사리, 몸이 긴 조개도 있습니다. 그리고 몸이 세모난 조개도 있습니다.

갯벌에는 이처럼 많은 생물이 나와 함께 살고 있습니다. 갯벌은 소중한 우리 집입니다.

*진흙: 질척질척하게 젖어 있는 흙.
*쬐다: 볕이나 불기운을 마주받아 몸에 쐰다.

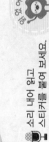

글의 내용 이해하기

1 이 글의 내용으로 알맞지 않은 것은 무엇입니까? (②)

① 칠게는 갯벌에 삽니다.
② 갯벌은 마른 흙으로 되어 있습니다.
③ 갯벌에는 많은 생물이 살고 있습니다.
④ 갯벌은 바닷물이 밀려 나가면 보입니다.
⑤ 갯벌에는 칠게를 잡아먹는 새가 있습니다.

해설 갯벌은 젖은 흙으로 되어 있습니다.

세부 내용 이해하기

2 칠게의 생김새를 알맞게 말한 친구는 누구인지 모두 ○표 하세요.

(1) 몸통은 납작하고 세모 모양이야.
(   )

(2) 긴 눈을 갖고 있는 아주 작은 게야.
(○)

(3) 두 개의 집게발과 여덟 개의 다리를 갖고 있어.
(○)

해설 칠게의 몸통은 납작하고 네모납니다. 구멍 안에서 긴 눈을 내밀어 밖을 보기도 합니다.

세부 내용 이해하기

3 갯벌에 사는 칠게의 친구가 아닌 것은 무엇입니까? (①)

① 새
② 가재
③ 낙지
④ 조개
⑤ 불가사리

해설 새는 칠게를 잡아먹습니다. 따라서 친구라고 할 수 없습니다.

어휘야~ 놀자~

틀리게 쓴 글자는 따라 쓰세요.

어휘 살찌우기

낱말 앞에 '없다'라는 뜻을 가진 '무' 자를 붙여 '무엇이 없다'라는 뜻으로 쓰이는 낱말을 알아보고 따라 써 봅니다.

생명을 가진 모든 것.	↔	무 생 물	생명이 없는 모든 것.
경기 따위에서 점수를 얻음.	↔	무 득 점	점수를 얻지 못함.
멀리 있는 사람의 사정을 알림.	↔	무 소 식	소식이 없음.
맡아서 해야 할 임무나 의무.	↔	무 책 임	책임이 없음.

재미있는 속담 익히기

친구는 옛 친구가 좋고 옷은 새 옷이 좋다

'친구는 옛 친구가 좋고 옷은 새 옷이 좋다'라는 속담은 이 좋다'라는 말은 웃고 같은 물건은 오래 되면 낡고 해지지만 친구는 오래 사귈수록 서로를 더 깊이 이해할 수 있다는 뜻이에요.

이 속담은 사람과 오래될수록 좋은 관계로 지내는 것이 중요하다는 것을 알려 주는 속담입니다.

속담을 따라 써 봅니다.

친 구 는	옛	친 구 가	좋 고
옷 은	새	옷 이	좋 다

세부 내용 이해하기

4 빈칸에 들어갈 알맞은 말을 이 글에서 찾아 쓰세요.

• 칠게는 갯벌에 [구 멍]을/를 파고 삽니다.

• 칠게는 다리를 벌리고 [옆](으)로 걷습니다.

해설 칠게는 새에게 잡아먹힐까 봐 갯벌에 구멍을 파고 그 속에 살고, 다리를 벌리고 옆으로 걷는다고 했습니다.

배경지식 활용하여 추론하기

5 빈칸에 들어갈 알맞은 말을 쓰세요.

• 갯벌에는 [밀]물 때 물이 들어옵니다.

• 갯벌에는 [썰]물 때 물이 나갑니다.

해설 갯벌은 밀물 때 물이 들어오고, 썰물 때 물이 나갑니다. 밀물 때 갯벌에 나가면 죽게, 낙지, 조개, 가재, 불가사리 등의 생물을 볼 수 있습니다.

내용 이해하고 활동하기

6 갯벌에서 볼 수 있는 것을 찾아 ○표 하고 이름을 따라 써 보세요.

해설 갯벌에는 많은 생물이 살고 있습니다.

그림에서 찾기

낙 지	칠 게	조 개

ERI 지수 **280** 예술 | 문화

디자인이 뭐예요?

🔊 소리 내어 읽고 스티커를 붙여 보세요.
📱 잘 듣고 읽어 보세요.

우리는 살면서 디자인이라는 말을 자주 씁니다. 자주 듣기도 하고요. 디자인이란 무엇일까요?

'디자인'은 외국에서 들어온 말이에요. '계획하다'라는 뜻을 가지고 있지요. 디자인은 우리의 생활을 좀 더 편리하고 아름답게 만들기 위해 계획하는 일을 모두 말해요. 다시 말하면 우리 생활 속에서 필요한 물건을 보기 좋게 만드는 것이라고 할 수 있지요.

여러분이 옷을 사러 간 상황을 떠올려 보세요. 먼저 예쁘고 멋진 옷을 고르고 할 거예요. 그래서 색깔과 옷 모양을 보겠죠? 그런 다음에 입어 보기도 해요. 입었을 때 편안해야 하니까요. 이렇게 멋지고 편안한 옷을 만드는 것들이 모두 디자인과 관련이 되어 있어요.

디자인은 우리 주변 어디에나 있어요. 우리가 입고 있는 옷뿐만 아니라 늘 마시는 물이 든 물컵, 앉아 있는 의자 모두 디자인이 들어가 있어요.

디자인에는 여러 분야가 있습니다. 그중에서 패션 디자인은 옷이나 신발 등을 디자인하는 것을 말해요. 집이나 다리 같은 것을 디자인하는 것은 건축 디자인이라고 하지요.

여러분 중에 디자이너가 되는 것이 ㉠꿈인 친구가 있다면, 우리 생활 곳곳에 있는 디자인들을 잘 살펴보길 바랄게요.

글의 내용 이해하기

1 이 글은 주로 무엇에 대해 이야기하고 있는지 쓰세요.

해설 이 글은 주로 디자인에 대해 이야기하고 있습니다.

글의 내용 이해하기

2 이 글의 내용으로 알맞지 않은 것은 무엇입니까? (④)

① 디자인은 우리의 생활을 편리하게 해 줍니다.
② 디자인은 '계획하다'라는 뜻을 가지고 있습니다.
③ 디자인은 우리 주변 곳곳에서 찾아볼 수 있습니다.
④ 디자인은 값이 싼 물건을 많이 살 수 있도록 도와줍니다.
⑤ 디자인은 우리에게 필요한 물건을 보기 좋게 만드는 것입니다.

해설 디자인은 생활 속에서 필요한 물건을 계획하고 만드는 것과 관련되어 있습니다. 값이 싼 물건을 많이 사게 하는 행동이 가치나 중요성이 사게 하는 행동은 아닙니다.

글의 내용 적용하기

3 친구들이 궁금해하는 것 중, 이 글을 읽고 알 수 있는 내용에 모두 ○표 하세요.

해설 이 글에서는 디자인의 뜻을 설명하고 그 이해를 돕기 위해 옷을 사는 상황을 예로 들었습니다. 그리고 디자인의 분야에 대해 이야기하였습니다.

(1) 디자인을 처음 발견한 사람은 누구일까?

(2) 디자인이란 말의 뜻은 무엇일까?

(3) 디자인에는 어떤 분야가 있을까?

디 자 인

어휘야 놀자~

낱말 뜻 이해하기

4 밑줄 친 '잘'이 ⊙'꿈'과 같은 뜻으로 쓰인 문장에 ○표 하세요.

(1) 지난 밤에 도깨비가 나타나 좇아오는 꿈을 꾸다 놀라 깼어.　(　)

(2) 나의 꿈은 아픈 동물들을 치료해 주는 수의사가 되는 거야.　(○)

해설 ⓛ의 '꿈'은 잠을 이루고 싶거나 되려고 하는 것을 말합니다. 이와 같은 뜻으로 쓰인 것은 (2)입니다. (1)의 '꿈'은 '잠을 자면서 깨어 있을 때처럼 여러 가지를 보고, 듣고, 느끼는 것'을 말합니다.

배경지식 활용하여 추론하기

5 다음은 누가 하는 일인지 알맞게 줄(—)로 이으세요.

(1) 옷이나 신발을 디자인　　　　　　건축 디자이너
　　합니다.

(2) 집이나 다리 같은 것을　　　　　　패션 디자이너
　　디자인합니다.

해설 패션 디자인은 옷이나 신발 등을 디자인하는 것을 말하고, 건축 디자인은 집이나 다리 같은 것을 디자인하는 것을 말합니다. 그리고 디자이너는 '디자인을 전문으로 하는 사람'을 가리킵니다.

배경지식 활용하여 활동하기

6 다음 물건의 이름을 쓰고, 어떤 동물을 닮은 디자인인지 스티커에서 찾아 붙여 보세요.

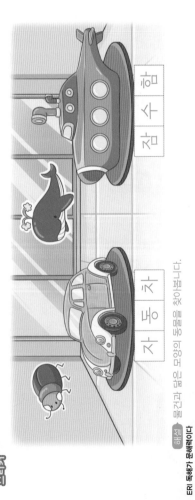

자　동　차　　　　잠　수　함

해설 물건과 닮은 모양의 동물을 찾아냅니다.

어휘야 놀자~

들리게 쓴 글자는 따라 쓰세요.

외래어

'디자인'처럼 다른 나라에서 들어와 우리말처럼 쓰이는 낱말을 읽어보고 바르게 따라 써 봅니다.

주스 ⊙　　쥬스 ✕　　→　주　스

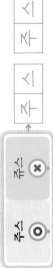

게임 ⊙　　개임 ✕　　→　게　임

커튼 ⊙　　커텐 ✕　　→　커　튼

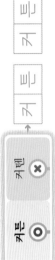

케이크 ⊙　　케익 ✕　　→　케　이　크

초콜릿 ⊙　　쵸콜렛 ✕　　→　초　콜　릿

한자어

한자어를 소리 내어 읽고 따라 써 봅니다.

"외국
바깥 외 外 + 나라 국 國

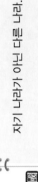

외국인
바깥 외 外 + 나라 국 國 + 사람 인 人

外 + 國 + 人
바깥 외　나라 국　사람 인

외국어
바깥 외 外 + 나라 국 國 + 말씀 어 語

外 + 國 + 語
바깥 외　나라 국　말씀 어

자기 나라가 아닌 다른 나라.

별은 왜 반짝반짝 빛날까?

옛날 사람들에게 밤하늘의 별은 늘 신비한 것이었어요. 별이 왜 반짝이는지 알지 못했거든요. 별이 반짝이는 것은 사람들에게 무언가 신호를 보내는 것이라고 생각했답니다. 동물이나 사람이 죽으면 하늘의 별이 된다는 상상도 했어요. 그래서 별자리 이름과 함께 재미있는 별자리 이야기도 많이 만들어졌어요.

과학자들은 왜 별이 반짝이는지 오랫동안 연구했어요. 그래서 그 이유를 찾아냈어요. 별이 반짝이는 것은 지구의 대기가 움직이기 때문이에요. 대기란 지구 주위를 둘러싸고 있는 공기를 말해요. 공기는 항상 움직이기 때문에 별빛도 들려서 반짝이는 것처럼 보이는 것이지요.

별이 왜 반짝이는지 이제 알겠지요?

이렇게 ㉠아름답게 반짝반짝 빛나는 별은 장마가 막 그친 여름밤에 잘 볼 수 있답니다. 장마가 막 그친 여름밤은 공기 중에 있던 먼지가 씻겨서 깨끗해졌기 때문이지요. 공기가 깨끗하면 반짝반짝 빛나는 밤하늘의 별을 자주 볼 수 있어요.

🐰 글의 내용 이해하기

1 이 글의 내용으로 알맞지 않은 것은 무엇입니까? (①)

① 과학자들은 별자리의 이름을 지어 주었습니다.
② 과학자들은 별이 빛나는 이유를 찾아냈습니다.
③ 장마가 막 그친 여름밤에는 별이 더 잘 보입니다.
④ 별이 빛나는 이유를 옛날 사람들은 알지 못했습니다.
⑤ 옛날 사람들은 별을 보며 여러 가지 상상을 했습니다.

해설 별자리의 이름은 옛날 사람들이 상상으로 만들어 냈습니다. 과학자들은 별이 왜 빛나는지를 연구하고 그 이유를 찾아냈습니다.

🐰 세부 내용 이해하기

2 옛날 사람들은 동물이나 사람이 죽으면 무엇이 된다고 상상했는지 쓰세요.

하	늘	의

별

해설 별이 왜 반짝이는지 이유를 몰랐던 옛날 사람들은 동물이나 사람이 죽으면 하늘의 별이 된다는 상상도 했습니다.

🐰 세부 내용 이해하기

3 과학자들이 찾아낸 내용에 맞게 빈칸에 들어갈 알맞은 말을 쓰세요.

별이 반짝이는 것은 지구의 공기인 | 대 | 기 | 이/가 항상 움직이니까 별빛
도 흔들려서 반짝이는 것처럼 보이는 것입니다.

해설 '대기'란 지구 주위를 둘러싸고 있는 공기를 말합니다. 과학자들은 이 대기가 움직이니까 별빛도 흔들려서 반짝이는 것처럼 보이는 것임을 알아냈습니다.

어휘 높자~

흐리게 쓴 글자는 따라 쓰세요.

낱말을 쓸 때 잘못 쓰기 쉬운 낱말이 있습니다. 바르게 쓴 낱말을 잘 보고 따라 써 봅니다.

잘못 쓰기 쉬운 말

⊙	✕	따라 쓰기
별빛	별빗	별 빛
빛나는	빈나는	빛 나 는
씻겨서	씻겨서	씻 겨 서
반짝이는	반짜기는	반 짝 이 는
오랫동안	오래동안	오 랫 동 안

재미있는 우리말 익히기

다음 말을 따라 써 봅니다.

> 눈앞에 별이 보이는 거 같아.
> 별이 반짝반짝 하잖아.

별이 보인다

'오늘 밤은 구름이 없어서 별이 잘 보인다.'에서 '별이 잘 보인다'의 상황을 말한다. 처럼 정말 밤하늘의 별이 잘 보이는 상황을 말하기도 하지만, '정아가 영영방아를 찧고는 별이 보인다면서 엉엉 울었다.'에서처럼 충격을 받아서 갑자기 정신이 아득하고 어지러운 상태를 '별이 보인다'라고 하기도 한다.

별 이 보 인 다

다 인 보 이 별

세부 내용 이해하기

4 ㉠의 이유로 알맞은 것은 무엇입니까? (④)

① 비가 오고 시원해졌기 때문에
② 여름이라 날씨가 덥기 때문에
③ 사람들이 밤에 활동하기 좋기 때문에
④ 먼지가 씻겨서 공기가 깨끗해졌기 때문에
⑤ 여름과 관련 있는 별자리 이야기가 많지 않기 때문에

해설 장마가 막 그친 여름밤에는 공기 중의 먼지가 씻겨서 깨끗해졌기 때문에 반짝반짝 빛나는 별들을 잘 볼 수 있는 것입니다.

낱말 뜻 이해하기

5 밤하늘의 별이 빛나는 모양을 나타내는 말은 무엇인지 이 글에서 찾아 쓰세요.

[반 짝 반 짝]

해설 별이 빛나는 것을 '반짝반짝 빛난다.'라고 말합니다.

글의 내용 적용하기

6 반짝이는 별을 잘 보기 위해 세운 계획을 바르게 말한 친구에 ○표 하세요.

(1) 별자리에 대한 이야기를 많이 찾아볼 거야.
(2) 별이 지구에서 얼마나 떨어져 있는지 자세히 조사해야겠어.
(3) 공기를 깨끗하게 하는 방법을 알아보고 실천해야겠어.

((3)에 ○)

해설 공기가 깨끗해야 별이 잘 보인다고 했습니다.

한눈에 보는 답

ERI 독해가 문해력이다
2단계 기본
3주차 정답과 해설

1회   자기만 알던 거인
본문 79~80쪽

1 ④   2 ②   3 (1) ○ (3) ○   4 ④   5 (2) ○
6 (예) • 네가 너무 욕심을 부리니까 친구들이 다 돌아가잖아.
• 토끼야, 너무 욕심을 부리면 친구들이 너를 싫어할 거야. 등

2회   나라가 가라앉고 있어요!
본문 85~86쪽

1 1 → 3 → 2 → 4   2 이사   3 투발루   4 (1) ○   5 부라부라
6 (1) (예) 에어컨이나 자동차에서 나오는 가스가 지구를 오염시키기 때문입니다. 등
(2) (예) 에어컨 사용을 줄여야겠습니다. / 짧은 거리는 자전거를 이용합니다. 등

3회   무지개가 떴어요
본문 91~92쪽

1 ①   2 (1) ○ (2) ○   3 ⑤   4 ⑤   5 ⑤
6 (1) 햇빛   (2) 햇볕

4회   활쓰기는 언제부터 시작되었을까요?
본문 97~98쪽

1 ⑤   2 무기   3 ①   4 ④   ✕   5 태도 / 마음가짐
6 (1) ○

5회   발명왕 에디슨은 질문왕
본문 103~104쪽

1 ④   2 (1) ○ (2) ○   3 ④   4 발명 / 발명왕   5 (1) ○ (2) ○
6 (예) • 에디슨은 호기심이 많은 것 같습니다.
• 에디슨은 엉뚱한 질문을 잘하는 것 같습니다. 등

268

인문 | 문학

소리 내어 읽고
스티커를 붙여 보세요.

잘 듣고
읽어 보세요.

자기만 알던 거인

알록달록 예쁜 꽃들과 탐스러운 과일나무들로 가득 찬 정원이 있어요. 꽃 앞에 내려앉는 별과 나비들, 나무들 오가며 노래하는 예쁜 새들, 세상에서 이보다 더 아름다운 정원은 없을 거예요. 동네 아이들은 주인이 없을 때 이곳으로 놀러 왔어요. 동네 아이들에게도 이곳은 천국이었거든요. 얼마나 즐거운지 아이들의 웃음소리가 끊이지 않았어요.

평화롭고 행복한 정원에 주인이 돌아왔어요. 주인은 키와 몸집이 매우 커서 거인이라고 불렀어요. 거인은 아이들을 몹시 싫어했답니다. 거인은 '아무도 들어오지 마시오.'라고 쓴 팻말을 붙이고는 정원의 문을 굳게 닫아 버렸어요.

그러자 그 후로 정원의 아름다운 꽃과 탐스러운 나무들이 시들기 시작했어요. 예쁜 나비도 좀을 주지 않았고, 새들은 노래하지 않았지요. 거인도 하루하루 늙어 갔어요. 머리카락과 수염은 하얗게 변해 갔지요.

그러던 어느 날, ㉠찬바람만 가득했던 정원에 햇살이 비쳤어요. 새들의 노랫소리도 다시 들려왔어요. 무슨 일인지 몰라 거인이 나가 보니 아주 작은 아이가 정원에 서 있었어요. 담 밑에 난 작은 구멍으로 들어왔던 거예요. 거인은 무서워 울려고 하는 아이를 번쩍 들어 올렸어요. 그리고 나무 위에 올려 주었지요. 닫았던 문도 활짝 열고 동네 아이들에게 말했어요.

"이 정원은 이제부터 너희들의 것이야. 마음껏 들어와서 놀거라."

글의 내용 이해하기

1 이 글의 내용으로 알맞지 않은 것은 무엇입니까? (④)

① 정원의 주인은 거인입니다.
② 정원에는 예쁜 꽃과 과일나무가 있습니다.
③ 정원에는 별과 나비와 예쁜 새들이 있었습니다.
④ 예전에는 아이들이 주인과 함께 정원에서 뛰어놀았습니다.
⑤ 아이들의 웃음소리가 사라진 후 정원의 꽃과 나무들은 시들었습니다.

해설 아이들은 주인이 없을 때 정원으로 놀러 왔습니다.

새로 내용 이해하기

2 정원의 아름다운 꽃과 나무들이 시들기 시작한 까닭은 무엇입니까? (②)

① 아이들이 나무 시끄럽게 떠들었기 때문입니다.
② 아이들이 더 이상 찾아오지 않았기 때문입니다.
③ 나비와 별들이 나무 많이 찾아왔기 때문입니다.
④ 거인이 꽃과 나뭇잎을 모두 따 버렸기 때문입니다.
⑤ 새들이 날아다니지는 않고 나무에만 앉아 있었기 때문입니다.

해설 아이들이 더는 소리에게 꽃과 나무가 아름답게 피었다가 이상 오지 않자 시들었습니다. 그런데 작은 아이가 정원에 들어오자 다시 활기를 찾았습니다.

글의 내용 적용하기

3 이 글을 읽은 후 거인에 대해 친구들이 이야기를 나누었습니다. 알맞은 것에 모두 ○표 하세요.

해설 거인은 오랜만에 들려오는 새소리에 놀라 밖에 나갔다가 작은 아이를 발견했습니다. 담 밑의 작은 구멍으로 들어온 작은 아이가 정원에 서 있었던 것입니다.

(1) 거인은 처음에는 아이들을 매우 싫어했어.

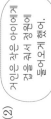

(2) 거인은 작은 아이에게 경을 줘서 정원에 들어오게 했어.

(3) 텅 빈 정원을 보고 늦게 거인 자신은 쓸쓸했을 거야.

소리내 쓴 글자는 따라 써 보세요.

어휘 실제우기

우리말에는 '무엇이 어떠하다'라고 성태나 성질을 나타내는 낱말이 있습니다. 쓰는 자리에 따라 모양이 어떻게 변하는지 알아보고 따라 써 봅니다.

꽃	이		예	쁘	다
꽃	이		예	쁘	다

놀	이	가		즐	겁	다
놀	이	가		즐	겁	다

마	을	이		평	화	롭	다
마	을	이		평	화	롭	다

사	과	가		탐	스	럽	다
사	과	가		탐	스	럽	다

한자어

한자어를 소리 내어 읽고 따라 써 봅니다.

거 인
클 거 巨 + 사람 인 人

巨 클 거 + 人 사람 인
보통 사람보다 몸이 아주 큰 사람.

거대
巨 클 거 + 大 큰 대

거인국
巨 클 거 + 人 사람 인 + 國 나라 국

巨 클 거 　 人 사람 인

세부 내용 **이해하기**

4 ㉠에서 '찬바람만 가득했던 정원'이 '따스한 햇살이 비치는 정원'으로 바뀐 까닭은 무엇입니까? (④)

① 꽃들이 시들어서
② 거인이 정원에 나와서
③ 새들이 다른 곳으로 날아가서
④ 작은 아이가 정원에 들어와서
⑤ 거인이 아이를 들어올려 주어서

해설 찬바람만 가득했던 정원에서 따스한 햇살이 비치는 정원으로 바뀐 까닭은 작은 아이가 정원에 들어와 있었기 때문입니다.

내용 이해하고 **추론하기**

5 다음 글은 거인의 어떤 행동과 어울리겠습니까? 알맞은 행동에 ○표 하세요.

거인은 정원으로 들어온 아이를 번쩍 들어 나무 위에 올려 주었어요. 그리고 말했어요.
"이 정원은 이제부터 너희들의 것이야. 마음껏 들어와서 놀거라."

(1) 문을 굳게 닫아 버렸어요. ( )
(2) 닫혔던 문을 활짝 열었어요. (○)

해설 "이제부터 정원은 너희들의 것이야."라고 말했으니 굳게 닫았던 문을 열었을 것입니다.

내용 이해하고 **추론하기**

6 곰이 토끼에게 해 준 말은 무엇일지 써 보세요.

이거 다 내가 먹을 거야.

쟤는 욕심이 너무 많아.

예 • 네가 나무 욕심을 부리니까 친구들이 다 돌아가잖아.
• 토끼야, 나무 욕심을 부리면 친구들이 너를 싫어할 거야. 등

ERI 지수 **228**

사회 | 역사

소리 내어 읽고
스티커를 붙여 보세요.

잘 듣고
읽어 보세요.

나라가 가라앉고 있어요!

지구에 있는 추운 지방의 얼음이 녹고 있어요.

왜 그럴까요? 지구가 따뜻해졌기 때문이에요. 우리가 사용하는 냉장고나 에어컨, 자동차 등에서 나오는 가스가 지구를 따뜻하게 하고 있어요.

추운 지방의 얼음이 녹으면 무슨 일이 벌어질까요? 바닷물이 많아져서 바닷물이 높아지게 돼요. 그러면서 바닷속으로 가라앉는 나라도 생겼어요.

바로 투발루라는 나라예요.

"살아남으려면 땅이 바다보다 높은 섬으로 옮겨 가야 해."
다른 곳으로 가야 해

"어! 벌써 옆에 있던 섬이 물에 잠겼어."
일부분에 내려와 잘리는

"옮겨 갈 수 있는 섬이 모두 없어질까 봐 무서워."

투발루 나라 사람들은 살던 땅을 버리고 부랴부랴 이사를 했어요. 투발루
매우 급하게 서두르는 모양
는 아홉 개의 섬 중 두 개의 섬이 섬이 가라앉았어요. 지금 이 시간에도 바닷물의 높이는 계속 높아지고 있어요. 그래서 투발루는 점점 바닷속으로 가라앉고 있어요.
조금씩 더해가거나 덜어지는 모양

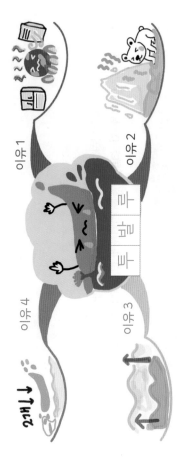

정답과 해설

26 2단계 기본 3주차 2회

글의 내용 이해하기

1 이 글을 읽고 일이 일어난 순서대로 번호를 쓰세요.

지구가 따뜻해졌습니다. — 1
바닷물이 높아졌습니다. — 3
추운 지방의 얼음이 녹았습니다. — 2
섬이 가라앉았습니다. — 4

해설 지구가 따뜻해지면서 추운 지방의 얼음이 녹고 바닷물이 높아졌습니다. 그래서 섬들이 가라앉게 되었습니다.

낱말 뜻 이해하기

2 빈칸에 들어갈 알맞은 말을 이 글에서 찾아 쓰세요.

섬들이 가라앉자 사람들은 살던 땅을 버리고 [이 사] 을/를 했습니다.

해설 '이사'는 사는 곳을 다른 곳으로 옮기는 것을 말합니다. 투발루의 섬들이 가라앉게 되자 투발루 사람들은 살던 땅을 버리고 이사를 해야 했습니다.

전체 내용 구성하기

3 마인드맵 이 글의 내용을 정리한 마인드맵입니다. 빈칸에 들어갈 알맞은 말을 쓰세요.

해설 환경 오염으로 지구의 날씨가 따뜻해졌습니다. 그래서 추운 지방의 얼음이 녹으면서 바닷물이 높아졌고, 투발루는 가라앉고 있습니다.

낱말을 쓸 때 잘못 쓰기 쉬운 낱말이 있습니다. 바르게 쓴 낱말을 잘 보고 따라 써 봅시다.

잘못 쓰기 쉬운 말

◎ 얼음	✗ 어름	얼 음	얼 음
◎ 가스	✗ 까스	가 스	가 스
◎ 벌써	✗ 별써	벌 써	
◎ 가라앉다	✗ 가라안따	가 라 앉 다	가 라 앉 다

한자어

한자어를 소리 내어 읽고 따라 써 봅니다.

지 구
땅 지 地 + 공 구 球

인류가 살고 있는 땅덩어리.

地 땅 지   球 공 구

지구촌
地 땅 지 球 공 구 + 村 마을 촌
지구 전체를 한 마을처럼 여겨 이르는 말.

지구본
地 땅 지 球 공 구 + 本 근본 본
지구를 본떠 만든 모형. 지구의.

세부 내용 이해하기

4 투발루는 결국 어떻게 되었는지 알맞은 것에 ○표 하세요.

(1) 지금도 계속 바닷속으로 점점 가라앉고 있습니다. (○)

(2) 섬을 높게 만드는 큰 공사를 해서 더 이상 걱정 없습니다. ( )

(3) 바다보다 높아서 안전한 남은 7개의 섬에 모여 살고 있습니다. ( )

해설 투발루는 9개의 섬 중에 벌써 2개는 바닷속으로 잠겨 버렸습니다. 지금도 바닷물이 높이는 계속 높아지고 있어 나머지 7개의 섬들도 계속 가라앉고 있습니다. 이 때문에 투발루 나라 사람들은 살던 곳을 버리고 다른 나라로 떠나고 있습니다.

낱말 뜻 이해하기

5 빈칸에 들어갈 알맞은 말을 이 글에서 찾아 쓰세요.

아빠는 기차 타는 시간에 늦을까 봐 [부 랴 부 랴] 달려가셨어요.

해설 '부랴부랴'는 매우 급하게 서두르는 모양을 나타내는 말입니다.

배경지식 활용하여 추론하기

6 그림을 보고, 다음 질문에 대한 '나'의 생각을 써 보세요.

해설 우리가 사용하는 냉장고나 에어컨, 자동차 사용을 줄여야겠다는 생각을 해 볼 수 있습니다.

(1) 지구가 점점 더워지는 이유는 무엇인가요?

예) 에어컨이나 자동차에서 나오는 가스가 지구를 오염시키기 때문입니다. 등

(2) 북극의 얼음이 녹지 않게 하려면 어떻게 하면 좋을까요?

예) 에어컨 사용을 줄여야겠습니다. / 짧은 거리는 자전거를 이용합니다. 등

ERI 지수 **245**
과학 | 자연

무지개가 떴어요

소리 내어 읽고
스티커를 붙여 보세요.

오늘은 친구들과 축구를 하기로 한 날이에요. 그런데 아침부터 비가 오고 있어요. 하늘에는 구름이 가득해요.

㉠나는 속상해서 눈을 꼭 감았어요. 비가 오는 것을 보고 싶지 않았거든요. 그러다가 깜박 잠이 들어 버렸어요.

"민수야, 일어나. 창밖을 봐."

나는 엄마 목소리에 잠이 깼어요. 눈을 비비고 일어나 창밖을 봤어요. 어느새 비가 뚝 그쳤어요.

구름은 물러가고 파란 하늘이 보였어요. 햇빛이 내려오고 있었어요. 그리고 둥그런 무지개가 떠 있었어요.

"엄마, 무지개가 떴어요!"

무지개는 '빨강·주황·노랑·초록·파랑·남색·보라' 이렇게 일곱 가지 색이었어요.

"엄마, 무지개는 왜 비가 온 다음이면 뜰까요?"

"비가 온 다음에 하늘엔 아직 작은 빗방울들이 남아 있기 때문이야. 햇빛이 공기에 떠 있는 이 작은 빗방울들을 지나가면서 일곱 가지 색으로 나누어지지."

"우와! 빗방울이 무지개를 만들다니 참 신기해요."

"그렇지?"

"엄마, 저 축구하러 나갈래요."

㉡나는 기분이 좋아졌어요.

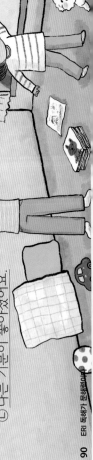

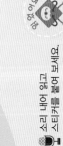

글의 내용 이해하기

1 이 글의 내용으로 알맞지 <u>않은</u> 것은 무엇입니까? (①)

① 어제 저녁부터 비가 오고 있었습니다.
② 잠을 자고 일어나니 비가 그쳤습니다.
③ 비가 그치고 둥그런 무지개가 떴습니다.
④ 구름이 물러가자 파란 하늘이 보였습니다.
⑤ 오늘 나는 친구들과 축구를 하기로 했습니다.

해설 오늘 아침부터 비가 오고 있었습니다.

글의 내용 적용하기

2 이 글에 나타난 무지개에 대해 바르게 말한 친구에 모두 ○표 하세요.

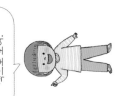

(1) 무지개는 둥그런 모양이야. (○)

(2) 무지개는 일곱 가지 색으로 보여. (○)

(3) 무지개는 비가 오기 직전에 가장 잘 보여. (　)

해설 둥그런 무지개는 비가 그친 뒤 하늘에서 볼 수 있습니다.

세부 내용 이해하기

3 ㉠에서 내가 속상해한 까닭은 무엇입니까? (⑤)

① 늦잠을 잤기 때문입니다.
② 엄마께 꾸중을 들었기 때문입니다.
③ 아무도 잠을 깨우지 않았기 때문입니다.
④ 친구들과 축구를 하다 싸웠기 때문입니다.
⑤ 친구들과 축구를 하기로 했는데 날인데 아침부터 비가 왔기 때문입니다.

해설 오늘은 친구들과 축구를 하기로 한 날인데 아침부터 비가 와서 오지 못하게 되었던 것입니다.

이해야 놓자~

흐리게 쓴 글자는 따라 쓰세요.

어휘 살찌우기

우리말에는 글자는 같은데 뜻이 다른 낱말이 있습니다. '비'의 정확한 뜻을 알아보고 따라 써 봅니다.

비	하늘에서 내리는 물방울.

비가 내려요.

비	가		내	려	요	.

비	먼지나 쓰레기를 쓰는 청소 도구.

비 로 / 쓸 어 요 .

비	로		쓸	어	요	.

비	기념하려고 세워 놓은 돌.

비 를 / 세 워 요 .

비	를		세	워	요	.

재미있는 속담 익히기

비 온 뒤에 땅이 굳어진다

'비 온 뒤에 땅이 굳어진다'라는 말은 비가 와서 질척거리던 흙도 시간이 지나면 마르면서 단단하게 굳어진다는 뜻이에요.
사람도 힘든 일을 겪고 나면 마음이 더 단단해지고 강해진다는 뜻이지요. 어려움을 이겨 낸 사람을 격려할 때 쓰는 말입니다.

지난번에 한 실수가 너를더 멋지게 만들었구나!

이제 이런 동작도 할 수 있어.

속담을 따라 써 봅니다.

비		온		뒤	에		땅	이		굳	어	진	다

세부 내용 이해하기

4 ㉡에서 '나'가 기분이 좋아진 까닭은 무엇입니까? (⑤)

① 비가 와서 시원해졌기 때문입니다.
② 엄마에게 칭찬을 들었기 때문입니다.
③ 꿈속에서 친구들과 신나게 놀았기 때문입니다.
④ 비가 운동장의 먼지를 없애 주었기 때문입니다.
⑤ 비가 그쳐서 축구를 하러 갈 수 있기 때문입니다.

해설 나는 친구들과 축구를 하기로 한 날 비가 와서 속상했는데, 비가 그쳐서 축구를 하러 갈 수 있기 때문에 기분이 좋아진 것입니다.

낱말 뜻 이해하기

5 다음 중 빈칸에 '축구'가 들어가면 어색한 낱말은 무엇입니까? (⑤)

① □□공
② □□경기
③ □□선수
④ □□심판
⑤ □□방망이

해설 축구와 관계된 낱말은 '축구공, 축구장, 축구 심판, 축구 선수, 축구 경기'입니다. 방망이는 '야구 방망이'처럼 야구 경기에 필요한 도구입니다.

낱말 뜻 이해하기

6 빈칸에 들어갈 알맞은 말을 보기 에서 찾아 쓰세요.

보기: · 햇빛 · 햇볕

(1) 나는 햇 빛 이 너무 강해서 눈을 뜰 수 없었습니다.

(2) 따사로운 햇 볕 아래 있어서 얼었던 몸이 다 녹았습니다.

해설 '햇빛'은 해에서 내리쬐는 빛을 말하고, '햇볕'은 해에서 내리쬐는 따뜻한 기운을 말합니다.

어휘 280

예술 | 문화

소리 내어 읽고 스티커를 붙여 보세요.

앗! 있어요!

잘 듣고 읽어 보세요.

활쏘기는 언제부터 시작되었을까요?

옛날 사람들은 활로 동물을 '사냥' 했어요. 그래서 활을 잘 쏘아야 했지요. 활은 전쟁이 일어나면 무기가 되었어요. 활을 잘 쏘아 적을 적을 물리치면 높은 자리에 오를 수 있었지요. 나라에서는 활쏘기 대회를 열어 활을 잘 쏘는 사람을 뽑기도 했어요.

그래서 사람들은 어릴 때부터 활쏘기를 배웠어요. 어릴 때는 나무로 만든 장난감 활로 연습을 했어요. 활을 다루는 자세와 방법을 가르치던 학교도 있었대요.

활을 잘 쓰기 위해서는 어떻게 했을까요?
먼저 활을 쏘는 자세를 익혔어요. 자세를 바르게 해야 목표물을 정확히 맞힐 수 있기 때문이에요. 우리나라에서는 특히 활을 쏠 때의 태도와 마음가짐을 강조했어요. 그래서 우리나라 사람들이 활을 잘 다루나 봐요.

이처럼 활을 쏘아 맞히는 운동이 활쏘기예요. 올림픽에도 활을 다루는 운동이 있어요. 과녁 한가운데에 화살을 많이 꽂아 넣으면 이기지요.
올림픽이 열리면 우리나라 선수들의 활쏘기 경기를 꼭 보고 싶어요.

글의 내용 이해하기

1 이 글에서 알 수 있는 내용으로 알맞지 <u>않은</u> 것은 무엇입니까? (⑤)
① 옛날 사람들은 활로 사냥을 하였습니다.
② 활쏘기는 화살을 과녁에 꽂아 넣는 경기입니다.
③ 옛날에는 활쏘기를 가르치던 학교가 있었습니다.
④ 옛날에는 활을 잘 쏘면 높은 자리에 오를 수 있었습니다.
⑤ 옛날 사람들은 어린아이들에게는 활쏘기를 가르치지 않았습니다.
해설 옛날 사람들은 어릴 때부터 나무로 만든 장난감 활로 연습을 하면서 활쏘기를 배웠습니다.

세부 내용 이해하기

2 빈칸에 들어갈 알맞은 말을 이 글에서 찾아 쓰세요.
• 옛날 사람들은 평상시에는 활을 사냥하는 데 사용했습니다.
• 옛날 사람들은 전쟁이 나면 활을 [무 기](으)로 사용하였습니다.
해설 평상시 사냥하는 데 사용하던 활은 전쟁이 일어나면 무기가 되었습니다.

세부 내용 이해하기

3 옛날에 나라에서는 활을 잘 쏘는 사람을 뽑기 위하여 어떻게 하였습니까? (①)
① 활쏘기 대회를 열었습니다.
② 올림픽 대회를 열었습니다.
③ 활 만들기 대회를 열었습니다.
④ 활쏘기를 가르치는 학교를 세웠습니다.
⑤ 어린아이들을 모아 활쏘기 시험을 보게 하였습니다.
해설 옛날에는 나라에서 활쏘기 대회를 열어 활을 잘 쏘는 사람을 뽑았습니다.

이희만 놓자~
어휘 살찌우기

옛날 사람들이 활동과 관련 있는 현대의 올림픽 경기 종목에 대하여 알아보고 따라 써 봅니다.

어휘 살찌우기

옛날 사람들의 활동		현대의 올림픽 경기 종목
활 쏘 기	→	양 궁 경 기
말 타 기	→	승 마 경 기
걸 써 움	→	펜 싱 경 기
달 리 기	→	육 상 경 기
쏘 기	→	사 격 경 기

한자어

한자어를 소리 내어 읽고 따라 써 봅니다.

백발백중
일백 백 百 + 쏠 발 發 + 일백 백 百 + 가운데 중 中

백 번 쏘아 백 번 맞힌다. 하는 일마다 실패 없이 잘되는 것을 비유한 말.

百 일백 백 / 發 쏠 발
百 일백 백 / 中 가운데 중

中 가운데 중
命 명할 명
명중: 화살이나 총알이 겨냥한 곳에 정확히 맞음.

百 일백 백
日 날 일
백일: 아이가 태어난 지 백 일째 되는 날.

글의 내용 / 적용하기

4 '활'과 '화살'에 맞는 그림을 찾아 줄(─)로 이으세요.

(1) 활

(2) 화살

해설 활로 쏘아 목표물을 맞히도록 만들어진 것이 '화살'이고, 이 화살을 끼워서 쓰는 도구가 '활'입니다.

세부 내용 / 이해하기

5 우리나라에서 활쏘기를 할 때 특히 강조한 것 두 가지는 무엇무엇인지 쓰세요.

활을 쏠 때의 태 도 와 마 음 가 짐

해설 우리나라에서는 특히 활을 쏠 때의 태도와 마음가짐을 강조해서 우리나라 사람들이 활을 잘 다루는 것 같다고 하였습니다.

배경지식 / 활용하여 / 추론하기

6 다음 글을 읽고 빈칸에 들어갈 알맞은 말에 ○표 하세요.

우리나라의 활쏘기는 역사가 길고 뛰어난 솜씨를 자랑했어요. 역사적인 인물 중에도 활을 잘 쏘는 것으로 유명한 사람이 많았어요. 고구려를 세운 동명 성왕도 어릴 때부터 활을 쏘아 잘 쏘아서 주몽이라고 불렸답니다. '주몽'에는 (이)라는 뜻이 담겨 있다고 합니다.

(1) 활을 잘 쏘는 사람
(2) 활을 잘 만드는 사람
(3) 활을 많이 가지고 있는 사람

해설 옛날에는 활을 잘 쏘는 사람을 '주몽'이라고 불렀다고 합니다.

어휘지수 254 STEAM

소리 내어 읽고 스티커를 붙여 보세요.

잘 듣고 읽어 보세요.

발명왕 에디슨은 질문왕

해가 지면 어두워요. 깜깜해지면 아무것도 보이지 않아요. 하지만 어두운 밤이 되어도 걱정이 없어요. 전등을 켜면 낮처럼 밝게 지낼 수 있으니까요.

읽고 싶은 책도 읽고, 가족과 즐거운 대화도 할 수 있어요. 모두 것이 전구를 발명한 에디슨은 덕분이지요.

에디슨의 별명*은 발명왕이에요.

어릴 때부터 에디슨은 질문이 많았어요. 학교에서도 마찬가지였어요. 수학 시간에 선생님이 "1+1=2인가요?"라고 하셨어요. 그러자 에디슨은 "물 한 방울 더하기 물 한 방울도 2인가요?"라고 질문했어요. 엉터리 같은 질문이라며 선생님은 몹시 화를 내셨어요. 그리고 에디슨에게 다시는 학교에 나오지 말라고 하셨어요.

학교에서 쫓겨난 에디슨은 혼자 힘으로 공부를 했어요. 또 에디슨은 궁금한 것이 있으면 그 답을 찾기 위해 여러 가지 실험을 했어요. 지금 우리가 사용 하는 전구도 에디슨의 질문과 실험 덕분에 생긴 거예요.

'어떻게 하면 더 밝고 더 오래 쓸 수 있는 전구를 만들 수 있을까?'

이 질문에 대한 답을 찾기 위해 에디슨은 수천 번의 실험을 했어요. 만약 힘들다고 포기했다면 에디슨은 발명왕이 될 수 없었을 거예요.

전구처럼 빛을 내는 등

상대방과 서로 이야기를 주고받음
비슷한 말로 '전등불'이 있음

특별히 발명을 많이 한 사람을 부르는 말

궁금한 것에 대해 묻는 것
질문이 많았어요

매우, 심하게

실험을 계속했음
어떤 일을 실제로 해보는 것

* 별명: 사람의 특징을 바탕으로 남들이 지어 부르는 이름.

글의 내용 이해하기

1 에디슨에 대한 설명으로 알맞지 <u>않은</u> 것은 무엇입니까? (④)

① 에디슨은 전구를 발명했습니다.
② 에디슨은 어려서부터 질문이 많았습니다.
③ 에디슨은 실험이 성공할 때까지 포기하지 않았습니다.
④ 에디슨은 학교에서 선생님에게 칭찬을 많이 들었습니다.
⑤ 에디슨은 궁금한 것이 있으면 그 답을 찾기 위해 실험을 계속했습니다.

해설 에디슨은 엉뚱한 질문으로 선생님을 화나게 해서 학교에서 쫓겨났습니다.

글의 내용 적용하기

2 이 글을 읽고 에디슨이 발명왕이 된 까닭을 바르게 말한 친구에 모두 ○표 하세요.

(1) 답을 찾기 위해 실험을 멈추지 않았어요.

(2) 궁금한 것에 대해서 질문을 자주 했기 때문이에요.

(3) 실험을 하다가 실패하면 바로 포기하고 다른 실험을 했기 때문이에요.

(○)　(○)　( )

해설 에디슨은 질문이 많았습니다. 답을 찾기 위해 실험을 멈추지 않았고 열심히 공부했습니다. 실험을 하다가 실패한다고 다른 실험을 멈추거나 포기하지 않고 답을 찾기 위해 실험을 계속했습니다.

내용 이해하고 추론하기

3 이 글을 읽고, 다음과 같은 궁금증이 생겼을 때 더 알아볼 내용으로 알맞은 것은 무 엇입니까? (④)

에디슨에게 발명왕이란 별명은 왜 붙었을까?

① 에디슨이 수학 공부를 어떻게 했는지 알아봅니다.
② 에디슨이 어렸을 때 별명은 무엇이었는지 알아봅니다.
③ 발명왕이 되려면 잠을 몇 시간 자야 하는지 알아봅니다.
④ 에디슨이 발명한 것들에는 무엇이 더 있는지 알아봅니다.
⑤ 에디슨이 학교에서 쫓겨날 때 어떤 기분이었는지 알아봅니다.

해설 에디슨의 별명은 발명왕입니다. 발명왕이라는 별명이 붙은 까닭을 알아보기 위해서는 에디슨이 발명한 것들을 찾아볼 수 있습니다.

소리대로 쓴 글자는 따라 쓰세요.

어휘 살펴보기

하루를 '낮'과 '밤' 둘로 나누어 관련 있는 낱말들을 읽어보고 따라 써 봅니다.

낮잠	낮에 자는 잠.	낮 잠
한낮	낮의 한가운데.	한 낮
대낮	환하게 밝은 낮.	대 낮
낮말	낮에 하는 말.	낮 말

밤잠	밤에 자는 잠.	밤 잠
한밤	깊은 밤.	한 밤
한밤중	깊은 밤중.	한 밤 중
밤말	밤에 하는 말.	밤 말

도움말 '어머니는 밤낮없이 일을 하셨다.'에서의 '밤낮'은 늘, 언제나, 항상을 뜻하는 낱말입니다.

재미있는 속담 익히기

낮말은 새가 듣고 밤말은 쥐가 듣는다

'낮말은 새가 듣고 밤말은 쥐가 듣는다'는 말은 아무리 몰래 한 말도 누군가 듣고 있어서 결국 다른 사람이 알게 된다는 뜻입니다. 그렇기 때문에 말을 할 때에는 주변에 듣는 사람이 없어도 언제 어디서나 항상 말 조심을 해야 한다는 뜻이지요.

조용히 해. 안 들려.

속담을 따라 써 봅니다.

| 낮 | 말 | 은 | | 새 | 가 | | 듣 | 고 | | 밤 | 말 | 은 | |
| 쥐 | 가 | | 듣 | 는 | 다 | | | | | | | | |

낱말 뜻 이해하기

4 빈칸에 들어갈 알맞은 말을 이 글에서 찾아 차례로 쓰세요.

전에 없던 것을 새롭게 만들어 내는 것을 발 명 (이)라고 합니다. 에디슨은 이것을 매우 좋아하여 발 명 왕 (이)라는 별명이 붙었습니다.

해설 새로운 것을 만들어 내는 것을 '발명'이라고 합니다.

글의 내용 적용하기

5 이 글을 읽은 후 '전구'를 발명한 에디슨에게 감사의 말을 했습니다. 알맞은 것에 모두 ○표 하세요.

(1) 밤에도 재미있는 책을 읽을 수 있어요. 감사합니다. ( )

(2) 밤에도 길을 밝혀 주어 안전하게 다닐 수 있어요. 감사합니다. ( )

(3) 밤에 편안하게 잠들 수 있어요. 감사합니다. ( )

해설 잠을 자는 건 어둠을 밝히는 전등과 관계가 없습니다. 잘 때는 오히려 전등을 끄고 어둡게 해야 합니다. 에디슨은 호기심이 생기면 궁금해서 결과를 얻을 때까지 노력하는 사람이었습니다. 그래서 많은 발명을 하기도 했습니다. 에디슨의 행동을 보고 느낀 점을 자유롭게 써 봅니다.

배경지식 활용하여 추론하기

6 에디슨의 다음 두 가지 행동을 보고 어떤 생각이 들었는지 써 보세요.

병아리야, 언제 나오니?

봐요. 1+1=1 이잖아요.

예 · 에디슨은 호기심이 많은 것 같습니다.
· 에디슨은 엉뚱한 짓을 잘하는 것 같습니다. 등

한눈에 보는 정답

ERI 독해가
문해력이다
2단계 기본
4주차 정답과 해설

소리 내어 읽고 스티커를 붙여 보세요.

몸을 보호해 주는 옷

"더워요. 안 입을 거예요."

"더워도 옷을 입어야 하는 거야."

옷을 입지 않겠다는 동생과 엄마의 실랑이에요. 여름이면 우리 집에서 가끔 일어나는 일이지요. 너무 더워서 땀이 뻘뻘 나는 여름에는 옷을 입고 싶지 않을 때가 있어요. 그런데 추운 겨울에 옷을 입지 않으면 감기에 걸리잖아요. ㉠왜 여름에도 옷을 입어야 할까요?

겨울에는 옷을 여러 개 겹쳐 입는 것이 좋다고 해요. 물론 외출할 때는 두꺼운 털외투도 입어야 하지요. 겨울에 옷을 입지 않겠다고 하는 사람은 없을 거예요. 그런데 더운 여름에도 옷을 입어야 하는 이유는 무엇일까요?

우리 피부는 연약해서 강한 햇빛에 매우 약하답니다. 오랫동안 강한 햇빛에 노출되면 피부가 까맣게 타지요. 심하면 피부병에 걸릴 수도 있어요. 또, 옷을 입지 않으려 면 옷을 입어야 하는 거예요. 그러니까 옷을 입는 가장 중요한 이유는 ㉡우리 몸을 보호하기 위해서랍니다.

글의 내용 이해하기

1 이 글의 내용으로 알맞지 않은 것은 무엇입니까? (⑤)

① 동생은 여름에는 옷을 입기 싫어합니다.
② 우리 피부는 강한 햇빛에 타기 쉽습니다.
③ 여름에도 배를 차갑게 하면 배탈이 납니다.
④ 겨울에도 옷을 여러 개 겹쳐 입어야 좋습니다.
⑤ 동생은 엄마가 주는 옷을 몸에 안 맞는다고 했습니다.

해설 동생은 엄마가 주는 옷이 몸에 안 맞는다고 한 것이 아닙니다. 더워서 옷을 입기 싫어하는 것입니다.

세부 내용 이해하기

2 이 글에서는 ㉠에 대한 답을 무엇이라고 말하고 있습니까? (②)

① 추운 날씨를 견디기 위해서입니다.
② 우리 몸을 보호하기 위해서입니다.
③ 엄마에게 야단맞지 않기 위해서입니다.
④ 옷이 멋나다는 것을 뽐내기 위해서입니다.
⑤ 혼자서도 옷을 입을 수 있다는 것을 보여 주기 위해서입니다.

해설 추운 겨울은 물론 더운 여름에도 옷을 입어야 하는 이유는 모두 우리 몸을 보호하기 위해서입니다.

낱말 뜻 이해하기

3 다음 문장을 읽고 빈칸에 들어갈 알맞은 낱말을 보기 에서 찾아 쓰세요.

보기
• 피부 • 연약 • 노출

더운 여름에도 옷을 입어야 합니다. 여름에는 햇볕이 매우 강합니다. 만약 옷을 입지 않고 강한 햇빛에 오랜 시간 [노출] 되면 [피부] 가 까맣게 탈 수 있습니다. 우리 피부는 [연약] 하기 때문입니다.

해설 만약 옷을 입지 않고 여름철 강한 햇볕에 오랜 시간 노출되면 피부가 까맣게 탈 수 있습니다. 우리 피부는 연약하기 때문입니다.

이해만 쏙쏙~

천천히 쓴 글자는 따라 쓰세요.

어휘 살찌우기

몸이 아프면 어디를 가야 치료를 할 수 있을까요? 아픈 곳에 따라 가야 하는 병원이 어디인지 알아보고 따라 써 봅니다.

감기에 걸렸어요.

내과

| 내과 | 내과 | 내과 | 내과 |

눈병이 났어요.

안과

| 안과 | 안과 | 안과 | 안과 |

이가 아파요.

치과

| 치과 | 치과 | 치과 | 치과 |

도움말 감기에 걸리면 '소아 청소년과'로 가기도 합니다.

재미있는 속담 익히기

배보다 배꼽이 더 크다

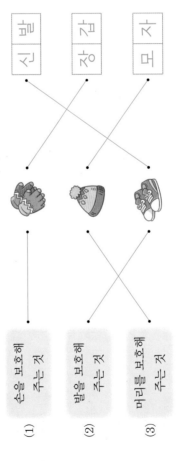
너, 그거 배꼽 맞아?

맞아.

'배보다 배꼽이 더 크다'는 마땅히 커야 할 것이 작고 작아야 할 것이 오히려 크다는 뜻이에요. 즉 그대로 읽으면 배꼽보다는 커다란 부분인 배보다 배 가운데 자리하고 있는 자그마한 배꼽이 더 크다니 뭔가 이상하죠? 그래서 이 속담은 기준이나 기본이 되는 것보다 추가하거나 덧붙이는 것이 더 많거나 큰 경우에 자주 쓰여요.

속담을 따라 써 봅니다.

| 배 | 보 | 다 | 배 | 꼽 | 이 | 더 | 크 | 다 |

내용 이해하고 추론하기

4 ㄴ의 예로 알맞지 않은 것은 무엇입니까? (②)

① 비가 올 때는 몸이 젖지 않도록 비옷을 입습니다.
② 생일잔치에 갈 때는 비싸고 화려한 옷을 입습니다.
③ 등산을 할 때에는 몸의 체온을 유지해 주는 등산복을 입습니다.
④ 위험한 일을 할 때에는 몸을 보호하기 위해 작업복을 입습니다.
⑤ 스키를 탈 때에는 추위를 막고 다치는 것을 막기 위해 스키복을 입습니다.

해설 생일잔치에 갈 때 비싸고 화려한 옷을 입는 것은 우리 몸을 보호하기 위해서 옷을 입는 것과 관련이 없습니다.

세부 내용 이해하기

5 옷처럼 우리의 몸을 보호해 주는 것을 찾아 줄(─)로 잇고, 따라 써 보세요.

(1) 손을 보호해 주는 것

(2) 발을 보호해 주는 것

(3) 머리를 보호해 주는 것

신발

장갑

모자

해설 손을 보호해 주는 것은 장갑, 발을 보호해 주는 것은 신발, 머리를 보호해 주는 것은 모자입니다.

배경지식 활용하여 추론하기

6 운동 선수들에게 맞는 옷을 스티커에서 찾아 붙여 주세요.

해설 야구, 축구, 피겨스케이팅 등 운동 선수는 각자 운동에 맞는 옷을 입고 경기를 합니다.

축구 선수

야구 선수

피겨스케이팅 선수

소리 내어 읽고
스티커를 붙여 보세요.

그림으로 약속해요

여러분은 모르는 길을 갈 때 무엇을 보면서 가나요?

네, 지도를 보고 길을 찾아가지요.

지도란 땅의 모습을 작게 나타낸 그림이에요. 땅 위에 있는 것들을 알기 쉽도록 표현한 것이지요. 하지만 땅 위에 있는 것들을 모두 그릴 수는 없어요. 지도에 모두 나타내는 건 어렵거든요.

그래서 사람들은 간단한 모양으로 그려서 나타내기로 약속했어요. 예를 들면, 학교는 학교 모양을 본떠서 그림으로 나타내고, 산은 산 모양을 본떠서 그림으로 나타냈어요. 따뜻한 물이 나오는 온천과 눈도 각각의 모양을 본떠서 그림으로 그려 넣었어요.

그런데 모든 것을 같은 색으로 그린다면 알아보기 어려울 거예요. 그래서 여러 가지 색깔로 구분하여 표시하기로 했어요. 산과 학교는 검은색으로 표시하고요, 과수원이나 논, 밭은 초록색으로 표시해요. 관광지나 빛과 관련된 것은 빨간색으로 표시했어요.

그림으로 약속한 것을 알고 지도를 봐요. 어때요? 무엇이 어디에 있는지 잘 보이지요?

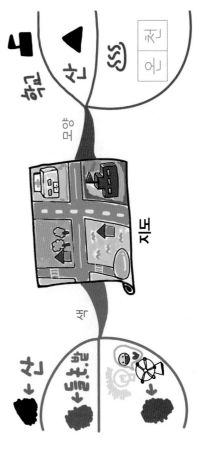

글의 내용 이해하기

1 이 글의 내용으로 알맞지 않은 것은 무엇입니까? (④)
① 사람들은 모르는 길을 갈 때 지도를 봅니다.
② 그림으로 나타낼 때 논은 초록색으로 표시합니다.
③ 지도는 땅 위에 있는 것들을 알기 쉽게 표현합니다.
④ 땅 위에 있는 것은 모두 그대로 지도에 그릴 수 있습니다.
⑤ 사람들은 간단한 모양으로 지도에 표시하기로 약속했습니다.

해설 땅 위에 있는 것들을 모두 그대로 그릴 수는 없어서 사람들은 간단한 모양으로 그려서 나타내기로 약속한 것입니다.

낱말 뜻 이해하기

2 땅의 모습을 작게 나타낸 그림을 무엇이라고 하는지 이 글에서 찾아 쓰세요.

[지] [도]

해설 지도는 땅의 모습을 작게 나타낸 그림입니다.

전체 내용 구성하기

3 이 글의 내용을 정리한 마인드맵입니다. 빈칸에 들어갈 알맞은 말을 쓰세요.

해설 지도는 땅의 모습을 모양과 색으로 구분하여 그려 넣습니다.

모양: 학교, 산▲, 온천♨, 눈
색: 산, 논밭, 놀이터
지도

어휘야 놀자~

흘리게 쓴 글자는 따라 써 보세요.

'들', '논', '밭'과 관련 있는 낱말을 읽어보고 따라 써 봅니다.

어휘 실제우기

들

| 들판 | 들녘 | 들길 | 들판 |
| 들판 | 들녘 | 들길 | 들판 |

논

| 논밭 | 논두렁 | 논길 | 논밭 |
| 논밭 | 논두렁 | 논길 | 논밭 |

밭

| 밭농사 | 밭일 | 밭길 | 밭농사 |
| 밭농사 | 밭일 | 밭길 | 밭농사 |

한자어

한자어를 소리 내어 읽고 따라 써 봅니다.

표현
겉 표 表 + 나타날 현 現

表 겉 · 現 나타날 현
表現

생각이나 느낌 따위를 말이나 글
등으로 드러내어 나타냄.

表 겉 표 + 現 나타날 현 + 力 힘 력 = 표현력
表現 표현하는 능력.

表 겉 표 + 紙 종이 지 = 표지
表 겉 표 책의 겉장.

글의 내용 이해하기

4 그림으로 나타낸 지도에 대해 바르게 설명한 친구에 ○표 하세요.

(1) 간단한 모양으로 그려서 나타내기로 사람들이 약속한 것이 지도야.

(2) 그림으로 나타낸 지도에서 기호들은 모두 검은색으로 표시해.

(3) 그림으로 나타낸 지도는 한곳에 앉아서 보아도 모두 빨간색으로 나타내.

해설 기호는 알아보기 쉽게 여러 가지 색깔로 표시합니다.

글의 내용 적용하기

5 해수욕장을 다음과 같이 그림으로 그려서 지도에 표시하려고 합니다. 무슨 색으로 나타내야 합니까? (③)

① 녹색　　② 파란색　　③ 빨간색
④ 파란색　　⑤ 노란색

해설 해수욕장이 파라솔을 본떠서 그림으로 표시한 것입니다. 해수욕장은 관광지를 나타내므로 빨간색으로 나타내야 합니다.

배경지식 활용하여 추론하기

해설 학교는 🏫, 산은 ▲, 과수원은 ○, 논은 ㅛ 기호로 나타냅니다.

6 스티커 마을의 모습을 지도로 그리려고 합니다. 장소에 맞는 기호를 스티커에서 찾아 붙이고 따라 써 보세요.

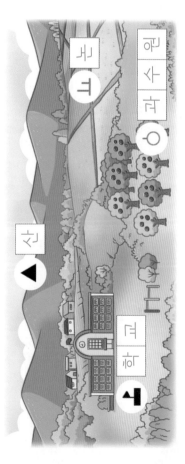

봄, 여름, 가을, 겨울

소리 내어 읽고
스티커를 붙여 보세요.

잘 듣고
읽어 보세요.

참 잘했어요!

ERI지수 253
독해 | 자연

봄에는 날씨가 따뜻해져요. 그리고 봄바람이 불어요. 봄이 되면 꽃이 피고 새싹이 돋아나요. 개구리는 겨울잠에서 깨어나지요. 농부는 밭에 씨앗을 뿌려요.

봄이 지나면 여름이 와요. 여름에는 날씨가 더워져요. 햇빛이 강해지고 비가 많이 내려요. 여름이 되면 나뭇잎이 초록색이 돼요. 매미가 울고 ㉠에서 깨어난 애벌레는 나비가 돼요. 사람들은 바닷가로 물놀이를 가요. 학교에서 우리는 여름방학을 해요.

여름이 지나면 가을이 와요. 가을에는 날씨가 선선해져요. 가을 하늘은 파랗고 높아요. 가을이 되면 열매가 열리고, 낙엽이 떨어지고, 잠자리가 날아다니고, 기러기가 찾아와요. 농부는 곡식을 거두어들여요. 학교에서 우리는 가을 운동회를 해요.

가을이 지나면 겨울이 와요. 겨울에는 날씨가 추워져요. 눈이 내리고 찬 바람이 불지요. 나무는 나뭇가지만 남아요. 곰과 개구리는 겨울잠을 자요. 사람들은 두꺼운 옷을 입어요. 학교에서 우리는 겨울방학을 해요.

겨울이 지나면 다시 봄, 여름, 가을이 이어져요.

*기러기: 가을에 우리나라로 와서 봄에 추운 곳으로 떠나는 겨울 철새.

글의 내용 이해하기

1 이 글의 내용으로 알맞지 않은 것은 무엇입니까? (⑤)
① 봄에는 날씨가 따뜻해집니다.
② 여름에는 날씨가 더워집니다.
③ 가을에는 날씨가 선선해집니다.
④ 겨울에는 날씨가 춥고 찬 바람이 붑니다.
⑤ 봄부터 여름까지는 날씨가 점점 추워집니다.

해설 봄부터 여름까지는 날씨가 점점 더워집니다. 그러다가 가을이 되면 시원해지고 겨울이 되면 추위가 점점 심해집니다.

세부 내용 이해하기

2 다음 중 봄과 관련 없는 것은 무엇입니까? (①)
① 낙엽이 집니다.
② 새싹이 납니다.
③ 봄바람이 붑니다.
④ 농부가 밭에 씨앗을 뿌립니다.
⑤ 개구리가 겨울잠에서 깨어납니다.

해설 낙엽은 가을에 집니다.

글의 내용 이해하기

3 ㉠에서 알 수 있는 순서대로 빈칸에 들어갈 알맞은 말을 쓰세요.

알

애벌레

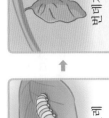
번데기

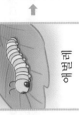

나 비

해설 알에서 깨어난 애벌레는 번데기를 가져 나비가 됩니다.

이해야 놀자~

들리게 쓴 글자는 따라 써 보세요.

우리말에는 '밤'이나 '비' 등을 계절에 따라 다르게 이름 붙인 낱말들이 있습니다. 어떤 낱말들이 있는지 읽어보고 따라 써 봅시다.

어휘 살찌우기

봄	봄 밤	봄 비		봄 철
여름	여 름 밤	여 름 비	여 름	여 름 철
가을	가 을 밤	가 을 비	가 을	가 을 철
겨울	겨 울 밤	겨 울 비	겨 울	겨 울 철

재미있는 우리말 익히기

더위를 먹다

옛날에는 선풍기나 에어컨이 없어서 한여름 더위가 시작되면 입맛도 떨어지고 기운도 떨어졌어요. 이처럼 여름에 기운이 떨어지면 흔히 '더위 먹었다'라고 했어요. 그러니까 '더위를 먹다'는 심한 더위로 몸의 기운이 없어졌다는 뜻이에요.

그런데 더위는 먹는 음식도 아닌데, 왜 먹는다는 표현을 썼을까요?

'먹다'라는 말에는 '음식을 먹다.'라는 뜻 말고 '겁먹다', '욕먹다'처럼 '무엇을 하거나 어떻게 되다.'라는 뜻도 담겨 있기 때문이에요.

재미있는 우리말을 따라 써 봅니다.

| 더 | 위 | 를 | 먹 | 다 |

낱말 뜻 이해하기

4 빈칸에 들어갈 알맞은 낱말을 보기 에서 찾아 쓰세요.

보기: · 새싹   · 낙엽

(1) 봄에는 새싹 이/가 파릇파릇 돋아납니다.

(2) 가을에는 낙 엽 이/가 져서 수북이 쌓입니다.

해설 새싹은 새로 돋아난 싹을 말하고, 낙엽은 말라서 떨어진 나뭇잎을 말합니다.

내용 이해하고 활동하기

5 스티커 사계절에 따라 변하는 나무의 모습을 스티커에서 찾아 붙여 보세요.

봄   여름   가을   겨울

해설 계절에 따라 나무는 봄에는 새싹이 나오고, 여름에는 잎이 무성해지고, 가을에는 단풍이 들고, 겨울에는 가지만 앙상한 나무가 됩니다.

배경지식 활용하여 활동하기

6 스티커 아이가 먹을 음식을 스티커에서 찾아 붙이고, 음식의 이름을 따라 써 보세요.

가을이에요. 추석에 맛있게 먹어요.

더운 여름에 먹고 기운을 내요.

송편   삼 계 탕

해설 우리나라는 계절에 따라 계절에 맞는 음식을 먹었습니다. 다운 여름에는 '삼계탕'을 먹고, 가을에는 '송편'을 만들어 먹었습니다.

소리 내어 읽고 스티커를 붙여 보세요.

잘 듣고 읽어 보세요.

연극 축제 소식

저는 노래와 춤이 좋아요. 연극도 좋아하는데, 음악과 춤이 있는 연극을 더 좋아해요. 어린이를 위한 이런 연극이 더 많았으면 좋겠어요.

그런데 마침 반가운 소식을 들었어요. 어린이를 위한 연극 축제가 열린대요. 7월에 서울에서 열리는데, 여름방학 때라 무척 기대돼요. 온 가족이 함께 즐길 수 있대요. 그래서 연극을 좋아하는 친구들에게 꼭 알리고 싶어요.

이 축제는 ㉠'아시테지* 축제'라고 불린대요. 프랑스에서 시작했는데, 지금은 많은 나라에서 열리고 있나 봐요. 축제에 참여하면 다양한 공연들을 즐길 수 있대요. 재미있고 신나는 공연이 많다고 해요. 동화와 음악으로 꾸민 연극도 있대요. 인형들이 나오는 연극도 있고요. 마술 공연도 있다니, 참 즐거울 것 같아요. 온라인 극장도 있어서 공연을 화면으로 볼 수 있어요.

정말 반가운 소식이죠? 부모님과 함께 연극 축제에 꼭 참여해 봐요.

*아시테지: 국제 아동 청소년 연극 협회를 가리키며, 전 세계 80여 개국에서 참여하고 있습니다.

글의 내용 이해하기

1 글쓴이가 전하고 싶은 반가운 소식은 무엇입니까? (②)

① 여름방학이 곧 돌아온다는 것
② 어린이를 위한 연극 축제가 열린다는 것
③ 어린이들이 공연하는 연극이 생긴다는 것
④ 많은 나라에서 우리나라 연극을 보러 온다는 것
⑤ 프랑스에서 부모님을 위한 연극 축제가 열린다는 것

해설 이 글은 어린이를 위한 연극 축제가 열린다는 것을 친구들에게 알리기 위해 쓴 글입니다.

글의 내용 이해하기

2 ㉠에 대한 설명으로 맞는 것에 모두 ○표 하세요.

(1) 프랑스와 우리나라에서만 열리는 축제입니다. ( )

(2) 공연 내용은 온라인 극장에서만 볼 수 있습니다. ( )

(3) 동화와 음악 등으로 꾸민 다양한 연극을 볼 수 있습니다. ( )

(4) 어린이뿐만 아니라 온 가족이 함께 즐길 수 있는 축제입니다. ( )

내용 이해하고 활동하기

3 연극을 좋아하는 친구들에게 아시테지 축제를 알리는 초대장을 쓰려고 합니다. 초대장에 들어갈 내용으로 알맞지 않은 것은 무엇입니까? (④)

① 축제가 열리는 기간
② 축제가 열리는 장소
③ 축제에 참여하는 방법
④ 축제에 참여할 때의 복장
⑤ 축제에서 볼 수 있는 공연

해설 '아시테지' 축제는 프랑스에서 시작했는데, 지금은 많은 나라에서 열리고 있다고 했습니다. 지금은 많은 나라에서 직접 참여하여 공연 내용을 볼 수 있지만, 온라인 극장에서도 화면으로도 볼 수 있습니다.

해설 알리는 글을 쓸 때는 반드시 필요한 내용만 간단하게 써야 합니다. 이 글은 많은 나라에서 열리고 있다고 했습니다. 그리고 온라인 극장이 언제, 어디에서, 어떻게 열린다는 것을 알리기 위한 글이므로 축제에 참여할 때의 복장에 대한 내용은 쓸 필요가 없습니다.

이해야 늦자~

소리와 쓴 글자는 따라 써 보세요.

낱말을 쓸 때 잘못 쓰기 쉬운 낱말이 있습니다. 바르게 쓴 낱말을 잘 보고 따라 써 봅니다.

잘못 쓰기 쉬운 말

연극 ◎	연극 ✕	→	연극	연극
마술 ◎	마슬 ✕	→	마술	마슬
극장 ◎	극장 ✕	→	극장	극장
마침 ◎	맞침 ✕	→	마침	마침
반가운 ◎	반가은 ✕	→	반가운	반가은

한자어

한자어를 소리 내어 읽고 따라 써 봅니다.

동화 아이 동 童 + 이야기 화 話

童 아이 동 / 話 이야기 화 → 어린이를 위하여 동심을 바탕으로 지은 이야기.

童 아이 동 / 心 마음 심 → **동심** 어린아이의 마음.

對 대할 대 / 話 이야기 화 → **대화** 마주 대하여 이야기를 주고받음.

글의 내용 이해하기

4 글쓴이가 소개하려는 축제는 언제 열린다고 하였는지 이 글에서 찾아 쓰세요.

[7] 월

해설 7월에 서울에서 열리는데 여름방학 때라 무척 기대된다고 하였습니다.

글의 내용 적용하기

5 부모님께 축제에 참여하자고 부탁드리는 편지의 일부입니다. 밑줄 친 내용과 거리가 먼 것은 무엇입니까? (④)

> 부모님께
> 여름방학 때 어린이를 위한 국제 연극 축제가 서울에서 열린다고 들었어요. 축제에 참여하면 다양한 공연들을 마음껏 즐길 수 있대요. 어린이와 온 가족이 함께 즐길 수 있다고 해요. 저도 부모님과 함께 가고 싶어요.

① 마술을 보여 주는 공연
② 동화로 꾸민 연극 공연
③ 음악으로 꾸민 연극 공연
④ 만화 영화를 보여 주는 공연
⑤ 인형들이 나오는 연극 공연

해설 이 글에서 말하는 축제는 연극 축제입니다. 만화 영화는 연극 축제와 관련이 없습니다.

해설 연극 공연을 하려면 어떤 이야기를 함지 '대본(이야기)'이 있어야 하고, 무대 위에서 공연을 '배우'가 있어야 합니다. 그리고 공연을 볼 관객이 있어야 합니다.

배경지식 활용하여 추론하기

6 연극을 할 때 필요한 세 가지가 있습니다. 빈칸에 들어갈 알맞은 말을 쓰고, 스티커에서 그림을 찾아 붙여 보세요.

이야기

배우

관객

소리 내어 읽고 스티커를 붙여 보세요.

찾아 듣고 읽어 보세요.

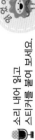

지구가 끌어당겨요

"너무 신나서 하늘을 날 것 같아!"

기분이 아주 좋아서 팔짝 뛰어올랐어요.

신나는 마음을 담아 공을 하늘로 힘껏 찼어요.

이상하네요? 팔짝 뛰어올랐지만 내 몸은 다시 땅으로 떨어졌어요.

하늘 높이 "뻥!" 찼던 공도 다시 땅으로 떨어졌어요.
(쿵쿵 세계 지는 소리 / 창문과 건물 간판)

텔레비전에서 태풍에 창문과 건물 간판이 날아갔다는 뉴스를 봤어요.

그렇지만 그것들은 우주로 날아가지 않고 모두 다시 땅으로 떨어졌어요.

왜 그럴까요?

지구가 모든 것을 끌어당기기 때문이에요. 이처럼 지구가 끌어당기는 힘을 중력이라고 해요. 중력의 힘은 무거울수록 중력도 더 커진답니다. 무거운 물건을 들기 힘든 것도, 우리가 아빠를 업기 힘든 것도 다 중력 때문이에요. 가벼운 물건은 중력이 조금밖에 영향을 주지 않기 때문에 쉽게 들 수 있어요.

이렇듯 공을 찰 때, 높이뛰기를 할 때 중력이 영향을 주고 있어요. 무엇을 하더라도 항상 중력이 우리를 끌어당겨 주어요. 지구에서 떨어지지 않고 땅 위에서 살 수 있는 것도 중력 때문이지요. ㉠중력은 언제나 우리 주변에 있답니다.

글의 내용 파악하기

1 이 글의 내용으로 알맞지 않은 것은 무엇입니까? (③)

① 무거울수록 중력의 힘은 큽니다.
② 중력 때문에 높이 찬 공이 땅으로 떨어집니다.
③ 무거운 물건이 가벼운 물건보다 들기 쉽습니다.
④ 신이 나서 팔짝 뛰어올랐지만 다시 땅으로 내려옵니다.
⑤ 태풍에 날아간 건물 간판이 다시 땅으로 떨어진 것은 중력 때문입니다.

해설 무거운 물건일수록 지구가 끌어당기는 힘이 더 커집니다. 그래서 무거운 물건일수록 위로 들어 올리려면 더 힘들어지는 것입니다.

세부 내용 이해하기

2 이 글에서 중력이 있다는 것을 알게 한 일은 무엇인지 알맞은 것에 ○표 하세요.

(1) 누군가 나오는 텔레비전을 본 것 ( )
(2) 높이 뛰어올라도 다시 땅으로 떨어진 것 (○)
(3) 너무 신나서 하늘을 날 것 같다고 말한 것 ( )

해설 텔레비전에서 뉴스를 본 것은 글쓴이가 한 일이긴 합니다. 하지만 중력이 있다는 것을 알게 한 것은 뉴스에서 나온 태풍에 물건들이 날아간 사건입니다.

세부 내용 이해하기

3 ㉠을 바르게 이해한 친구에 ○표 하세요.

(1) 중력은 어디에나 있다는 거구나. (○)
(2) 중력은 내 주변에만 있다는 거야.
(3) 중력은 내 몸속에 있는 거였어.

해설 중력은 내 주변만이 아니라 우리 모두의 주변에 있습니다.

낱말 뜻 이해하기

4 빈칸에 공통으로 들어갈 알맞은 말을 이 글에서 찾아 쓰세요.

지구가 물체를 끌어당기는 힘을 [중][력] 이라고 합니다.

문에 우리는 우주로 날아가지 않고 땅에서 살아갑니다.

해설 지구가 물체를 끌어당기는 힘을 '중력'이라고 합니다.

배경지식 활용하여 추론하기

5 다음 글을 읽고 빈칸에 들어갈 알맞은 문장에 ○표 하세요.

지구 위에 있는 모든 것을 지구가 끌어당기고 있어요. 그래서 하늘 높이 찼던 공도 다시 땅으로 떨어졌어요. 높이 날아갔던 장문과 건물 간판도 모두 (땅으로 떨어졌어요. 하늘 높이 날아갔어요).

해설 중력 때문에 모든 것이 땅으로 떨어집니다.

배경지식 활용하여 활동하기

6 스티커 둥근 지구에 사는 사람들이 사과를 떨어뜨려요. 스티커에 있는 사과를 떨어지는 곳에 붙여 보세요.

해설 중력은 지구 중심으로 끌어당기는 힘을 말합니다. 그래서 지구 어느 곳에서 사과를 떨어뜨려도 사과는 지구 중심으로 떨어집니다.

어휘야 놀자~

소리내어 쓴 글자는 따라 쓰세요.

어휘 실제쓰기

'공을 하늘로 힘껏 찼어요.'에서의 '찼다'는 글자는 같은데 뜻이 다른 낱말로 쓰입니다. 낱말의 뜻을 잘 보고 따라 써 봅니다.

찼다	발로 내어 지르거나 받아 올리다.
	[공][을] [찼][다]

찼다	몸에 닿은 물체나 온도가 낮다.
	[옷][이] [찼][다]

찼다	물건을 몸의 한 부분에 지니다.
	[손][목][에] [시][계][를] [찼][다]

찼다	사람, 사물 따위가 가득하게 되다.
	[사][람][이] [가][득] [찼][다]

한자어

한자어를 소리 내어 읽고 따라 써 봅니다.

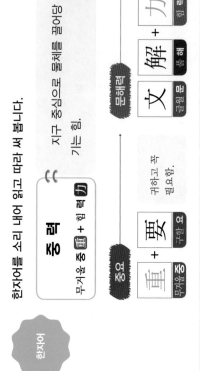

중력
무거울 중 重 + 힘 력 力
지구 중심으로 물체를 끌어당기는 힘.

문해력
文 글월 문 + 解 풀 해 + 力 힘 력
글을 읽고 이해하는 힘.

중요
重 무거울 중 + 要 구할 요
귀하고 꼭 필요함.

글자 완성하기

들려주는 낱말을 잘 듣고 글자를 완성해 보세요.

1. 별
2. 기둥
3. 날개
4. 어깨
5. 욕심
6. 제비
7. 철쭉
8. 행견
9. 앞치마
10. 똥그라미

낱말 받아쓰기

들려주는 낱말을 잘 듣고 받아쓰세요.

1. 감자
2. 궁전
3. 나로
4. 비늘
5. 뼈진
6. 소원
7. 방망이
8. 어두만짐
9. 우주여행
10. 흐드드들

문장 완성하기

들려주는 문장을 잘 듣고 빈칸에 들어갈 말을 받아쓰세요.

1. 흥부를 빈손으로 쫓아냈어요.
2. 박에서 쌀밥이 쏟아져 나왔어요.
3. 섬에 세 사람이 살고 있었습니다.
4. 좋은 생각이라며 밝게 웃었습니다.
5. 꿀벌은 꽃들 사이를 날아다니지요.
6. 꿀을 찾자마자 춤을 추는 거예요.
7. 할머니께서 불러 주시던 전래 동요야.
8. 노래에서 봄 냄새가 나요.
9. 사람은 새처럼 날 수 없는 걸까?
10. 불을 피워 연기를 채워 보자.

글자 완성하기

들려주는 낱말을 잘 듣고 글자를 완성해 보세요.

1. | 개 | 별 |

2. | 낙 | 엽 |

3. | 눈 | 병 |

4. | 주 | 위 |

5. | 편 | 리 |

6. | 활 | 짝 |

7. | 과 | 학 | 자 |

8. | 집 | 게 | 발 |

9. | 계 | 획 | 하 | 다 |

10. | 안 | 타 | 깝 | 다 |

낱말 받아쓰기

들려주는 낱말을 잘 듣고 받아쓰세요.

1. | 구 | 멍 |

2. | 줄 | 넘 | 기 |

3. | 생 | 활 |

4. | 신 | 호 |

5. | 조 | 개 |

6. | 통 | 통 |

7. | 한 | 자 |

8. | 나 | 팔 | 꽃 |

9. | 밤 | 하 | 늘 |

10. | 새 | 로 | 운 |

문장 완성하기

들려주는 문장을 잘 듣고 빈칸에 들어갈 말을 받아쓰세요.

1. 마음을 움직이는 말은 | 힘 | 이 | 센 | 것 같아요.

2. 친구와 공 | 주 | 고 | 받 | 기 | 놀 | 이 | 를 | 했어요.

3. 책을 | 모 | 두 | 빼 | 앗 | 긴 | 경우도 있었어요.

4. 글을 읽을 | 수 | 있게 되었어요.

5. 내 | 몸 | 은 | 날 | 작 | 하 | 고 | 네모납니다.

6. 다리를 | 빨 | 리 | 고 | 옆 | 으 | 로 | 걷습니다.

7. 디자인은 | 여 | 러 | 에 | 서 | 들 | 여 | 온 | 말이에요.

8. 웃을 사러 간 상 | 황 | 을 | 떠 | 올 | 려 | 보세요.

9. | 재 | 미 | 있 | 는 | 뿔 | 자 | 리 | 이야기가 있어요.

10. 뿔빛도 | 항 | 상 | 반짝거리는 것이지요.

문장 완성하기

들려주는 문장을 잘 듣고 빈칸에 들어갈 말을 받아쓰세요.

1. 개인도 하루하루 늘어 갔어요.
2. 닫혔던 문도 활짝 열였어요.
3. 살던 땅을 버리고 이사를 갔어요.
4. 땅이 바다보다 높은 섬으로 옮겨 가야 해.
5. 어느새 비가 뚝 그쳤어요.
6. 하늘에는 구름이 가득해요.
7. 먼저 활을 쏘는 자세를 익혔어요.
8. 활을 쏘아 맞히는 운동이에요.
9. 낮처럼 밝게 지낼 수 있어요.
10. 밤이 되어도 걱정이 없어요.

글자 완성하기

들려주는 낱말을 잘 듣고 글자를 완성해 보세요.

1. 가 스
2. 대 회
3. 물 시
4. 뿔 써
5. 창 밖
6. 팻 말
7. 빗 방 울
8. 엉 터 리
9. 정 확 히
10. 한 가 운 데

낱말 받아쓰기

들려주는 낱말을 잘 듣고 받아쓰세요.

1. 과 녁
2. 실 험
3. 얼 음
4. 냉 장 고
5. 무 지 개
6. 발 명 왕
7. 목 소 리
8. 활 쏘 기
9. 머 리 카 락
10. 알 록 달 록

2단계 기본 4주차 받아쓰기 정답

글자 완성하기

들려주는 낱말을 잘 듣고 글자를 완성해 보세요.

1. 녹색
2. 뉴스
3. 동화
4. 씨앗
5. 열매
6. 축제
7. 까맣게
8. 애벌레
9. 털어내투
10. 높이뛰기

낱말 받아쓰기

들려주는 낱말을 잘 듣고 받아쓰세요.

1. 가끔
2. 공연
3. 연극
4. 창문
5. 태풍
6. 겨울잠
7. 관광지
8. 봄바람
9. 운동회
10. 피망

문장 완성하기

들려주는 문장을 잘 듣고 빈칸에 들어갈 말을 받아쓰세요.

1. 더워도 옷을 입어야 하는 거야.
2. 배를 차갑게 하면 배탈이 나요.
3. 여러 가지 색깔로 표시해요.
4. 지도를 보고 길을 찾아가요.
5. 가을 하늘은 파랗고 높아요.
6. 학교에서 우리는 겨울방학을 해요.
7. 마침 반가운 소식을 들었어요.
8. 온 가족이 함께 즐길 수 있어요.
9. 기분이 좋아서 팔짝 뛰어올랐어요.
10. 지구가 우리를 끌어당겨여.